Elisabeth Haich

Das Vermächtnis

Leben und Lehre einer Eingeweihten

Herausgegeben und erläutert
von Raffael Boriés

Elisabeth Haich

Das Vermächtnis

Leben und Lehre einer Eingeweihten

Herausgegeben und erläutert
von Raffael Boriés

Aquamarin Verlag

Deutsche Originalausgabe
1. Auflage 2022

Voglherd 1 • D-85567 Grafing

Zeichnungen: Raffael Boriés
Umschlaggestaltung: Annette Wagner unter Verwendung von:
shutterstock.com – 1596694951

Druck: CPI • Birkach

ISBN 978-3-89427-902-8

Inhalt

Vorwort

Elisabeth Haich war in jeder Hinsicht eine bemerkenswerte Frau. Sie war Bürgerin zweier Welten – der irdischen und der geistigen. Auch die Geheimnisse von Raum und Zeit vermochte sie für ihren eigenen geistigen Weg zu entschlüsseln. Die verschlungenen Pfade des Schicksals öffneten sich ihrem schauenden Blick, und sie ließ ihre Zeitgenossen an ihren Einsichten teilhaben. Das Ergebnis war eines der einflussreichsten Bücher des 20. Jahrhunderts – die „Einweihung". Inzwischen ist dieses Werk in alle Weltsprachen übersetzt und inspiriert die Menschen bis zum heutigen Tag.

Als Elisabeth Haich nach dem 2. Weltkrieg aus ihrer ungarischen Heimat in die Schweiz kam, sollte dies eigentlich nur ein Zwischenstopp sein auf dem Weg in die Neue Welt. Doch es kam anders: Sie blieb in der Schweiz, baute mehrere geistige Zentren auf und legte zusammen mit Selvarajan Yesudian den Grundstein für die Entfaltung einer großen Yoga-Bewegung im deutschsprachigen Raum. Sie entschied sich für das Land im Herzen Europas, weil sie in seinen Menschen ein großes geistiges Potenzial sah, an dessen Entfaltung sie mitwirken durfte und auch wollte. Noch heute bestehen zahlreiche Yoga-Schulen, die sich von ihrem Ursprung her auf das Wirken dieser beiden großen Pioniere berufen.

Schon bald nach ihrem Umzug nach Zürich begann sie, im Anschluss an ihre Yoga-Kurse, den ernsthaft interessierten Schülerinnen und Schülern etwas anzubieten, das man, im Anklang an Rudolf Steiner, ihre „Esoterische Stunde" nennen könnte. In diesen Zusammenkünften ließ sie tief in ihr geistiges Universum blicken. Sie offenbarte denen, die mit offenen Herzen lauschten, eine Weltsicht, die sich in ihrer Tiefe radikal von dem unterschied, was man das "abendländische Weltbild" nennen konnte. Ihr Wissen umspannte Orient und Okzident. Sie konnte auf inspirierende Weise einerseits biblische Texte auslegen und andererseits die kosmische Weisheit des Orients enthüllen.

Raffael Boriés war ein junger Mann, als er in den Siebzigerjahren in ihren Kreis gelangte. Es bildete sich ein geistiges Band, das über Jahrzehnte erhalten blieb und bis in die Gegenwart fortbesteht. So war es offensichtlich ein Impuls von Elisabeth Haich, die ihn zu diesem biographisch-mystischen Werk anregte. Er gelangte in den Besitz von Aufzeichnungen aus den frühen „Esoterischen Stunden", konnte sie sichten, neu ordnen und für den Druck vorbereiten. So entstand, mehr als ein Vierteljahrhundert nach ihrem Tod, ein geistiges „Vermächtnis" von Elisabeth Haich, das ein bleibendes Denkmal ihrer menschlichen und geistigen Größe setzen wird.

Der folgende Inhalt ist in zwei Teile gegliedert. Der erste befasst sich mit ihrem „Leben", der zweite mit ihrer „Lehre". Dabei bleibt für den Teil 2 festzuhalten, dass Autor und Verlag sich bemüht haben, die Lebendigkeit des gesprochenen Wortes im Original zu erhalten und nur gelegentlich, um des besseren Verständnisses willen, einzelne Verben oder Adjektive eingefügt haben. Es wird sich bei der Lektüre zeigen, dass manche Texte nicht zur schnellen Lektüre geeignet sind, sondern sich eher mittels meditativer Einstimmung erschließen. Auf diese Weise wird die Botschaft in der „Lehre" sich umfassender enthüllen lassen.

Vorwort

Möge mit diesem Buch das große Wissen einer Eingeweihten den Weg zu all jenen Leserinnen und Lesern finden, die schon mit Begeisterung ihr bisher veröffentlichtes Werk studiert haben. Es enthält zahlreiche bis heute unveröffentlichte Gedanken und Lehren von Elisabeth Haich, die hier der Nachwelt als ihr geistiges „Vermächtnis" übergeben werden.

Viel Inspiration!

Peter Michel

Das Leben

Das Vermächtnis eines Lebens

Der November 1948 ist ein bedeutsames Ereignis für die Ankunft von Selvarajan Yesudian (1916-1998) und Elisabeth Haich (1897-1994) in der Schweiz. Beide kamen aus Budapest. Dort war ihr weiterer Verbleib durch das kommunistische Regime nicht mehr gewährleistet. 1948 wurde ihre Yogaschule in Budapest von der Regierung in Ungarn geschlossen.

In über zehnjähriger Tätigkeit in Ungarn leisteten Elisabeth Haich und Selvarajan Yesudian wichtige Arbeit zum interkulturellen Austausch des Yoga im Westen. Bei ihrer Ankunft in der Schweiz führten sie schon ein beachtliches Gepäck mit sich. Eigentlich planten die beiden nur einen kurzen Ferienaufenthalt in der Schweiz und wollten über Kalifornien nach Indien weiterreisen.

Eingeladen waren sie beim Ungarn Gabor Patak in Baden, bei Zürich. Dieser war während vieler Jahre ein aktives Mitglied der Yogaschule in Budapest gewesen. Die Bekanntschaft mit Gabor Patak und einer kleinen Gruppe von Interessenten für Yoga in Zürich war der grundlegende Beginn für die zukünftige Arbeit im Herzen von Europa.

In der Schweiz bestand ein starkes Interesse für Yoga. Yesudian und Haich blieben und eröffneten eine Schule in Zürich. Später kamen weitere Filialen in Bern, St. Gallen, Genf, Basel, Aarau und Luzern sowie eine Sommerschule im Tessin, in Ponte Tresa, dazu. Die Schweiz war zentral gelegen. Besonders aus den unmittelbaren Nachbarländern, aus Deutschland, Österreich, Frankreich und Italien, kamen Hunderte von Schülern und Interessierten, die jährlich für einige Wochen an einer intensiven Yoga-Schulung teilnahmen.

Das schuf die Voraussetzung für eine weite Verbreitung des Hatha-Yoga in den Fünfzigerjahren, was zudem durch Publikationen von Yesudian und Haich zu Yoga und weiteren Themen betreffs indischer Philosophie unterstützt wurde. Diese Veröffentlichungen erreichten teilweise Weltgeltung.

Nach dem Zweiten Weltkrieg erlebten Europa und Amerika eine Art Hochblüte des Yoga. Eine breite Schicht von Menschen interessierte sich dafür.

Selvarajan Yesudian

Selvarajan Yesudian, geboren 1916, entstammte selbst einer christlich geprägten Familie aus Madras in Südindien. Beide Eltern waren Ärzte. Als Kind war Yesudian ausgesprochen schwächlich und krankheitsanfällig. Dann begegnete er als Jugendlicher einem Meister des Hatha-Yoga. Das prägte ihn so, dass er in kürzester Zeit seinen Körper, aber auch seinen Geist stärkte und disziplinierte. Ebenso beeinflussten ihn später die Schriften von Vivekananda und Ramana Maharshi, beide waren bedeutende Mystiker der Vedanta-Philosophie.

1936 begab Yesudian sich nach Europa, nach Budapest. Die Gründe, die ihn gerade nach Ungarn führten, das zu der Zeit von einem autoritären Regime unter Admiral Horthy regiert wurde, sind unklar. Als er in den Westen kam, war es seine Absicht, westliche Medizin und Körpererziehung zu studieren und sie mit den indischen Systemen zu vergleichen. Seine Eltern wünschten sich, dass er die Familientradition fortsetzen sollte. Anfangs war es nicht seine Absicht, Yoga zu lehren, aber in Ungarn gab es ein starkes Interesse für Yoga in der Bevölkerung.

Elisabeth Haich

In Budapest machte Yesudian die Bekanntschaft von Elisabeth Haich. Sie selbst war Pianistin und Bildhauerin aus einer wohlhabenden Familie. Elisabeth Haich hatte ausgeprägte spirituelle Interessen, und in Budapest bestand damals schon ein entsprechender Kreis, dem sie vorstand.

Sie war zudem eine Kennerin der Veden, der Upanishaden, der Bhagavad Gita, der Yoga-Philosophie und Mythologie. Ebenso war sie zugleich mit der westlichen Philosophie vertraut. Ihr Interesse galt dem Rosenkreuzertum, und sie war eine Autorität für die Auslegung der christlichen Bibel.

Der Inder Yesudian und die Europäerin Elisabeth Haich waren das perfekte Beispiel eines Zusammenwirkens, eines sinnbildlichen globalen Austausches von Kulturgut, aber auch von tiefem Wissen. Jeder war schon auf seine Weise vor dem Zusammentreffen von der jeweils anderen Kultur geprägt.

Etwas Besonderes war es, was Yesudian mit der Europäerin Haich verband. Selvarajan Yesudian erkannte in Elisabeth Haich die Lehrerin, aber es war weitaus mehr: Es war das Erkennen eines mystischen Bandes, was beide Menschen auf dem jeweiligen Seelenweg durch Zeit und Raum miteinander verband.

Elisabeth Haich wurde am 20. März 1897 in Budapest geboren. Sie war eine hervorragende Konzertpianistin und international anerkannte Bildhauerin. Sie war mit zahlreichen Talenten und zudem mit medialen Fähigkeiten begabt. Sie kannte sich in vielen Bereichen der Esoterik aus wie kaum jemand anderes, und ihr Wissen um die Symbolik der Bibel war einzigartig. Sie gab ihr umfassendes Wissen in unzähligen Vorträgen, Yoga-Stunden, Beratungen und Büchern weiter.

Im Frühjahr 1949 begann Frau Haich in der Schweiz mit ihren legendären Vortragsabenden. Das verschaffte ihr, wie schon zuvor in Budapest, eine große Popularität. In Ungarn war bereits das mit Yesudian verfasste Buch „Sport und Yoga“ erschienen, und dieses erlebte nun Ende der Fünfzigerjahre eine Millionenauflage in vielen Sprachen der Welt. Dem folgten weitere gemeinschaftliche Bücher zum Thema Yoga. Später erschien ihr berühmtes Buch „Einweihung“ und weitere Titel wie „Tarot“ und „Sex und Yoga“.

Bereits vierzehn Tage nach der Ankunft in der Schweiz begann Yesudian Yoga-Unterricht zu geben; und einige Wochen später fing Elisabeth Haich mit ihren Vorträgen an, jeweils Montags, später dann Donnerstags.

Elisabeth Haich erzählte in ihren Ausführungen so lebendig und umfassend, dass alle immer wieder erstaunt über ihr Universalwissen waren. Sie konnte höchste geistige Wahrheiten klar verständlich formulieren. Sie besaß eine bemerkenswerte Mischung aus hoher Spiritualität und absoluter Bodenständigkeit.

Die folgenden Mitschriften ihrer Vorträge beruhen auf stenografischen und aus der Erinnerung verfassten Notizen.

Das Buch folgt den datierten Mitschriften chronologisch und ist mit Anmerkungen und Erläuterungen ergänzt. Somit ist es ein Zeitdokument, und einige Begriffe, zum Beispiel zur Technik, entsprechen den Begriffen und Erkenntnissen der damaligen Zeit.

Wer ihre später erschienenen Bücher kennt, wie den biografisch-mystischen Roman „Einweihung", erkennt in den Vorträgen die vielen Themen und das Wissen wieder, welches zum großen Teil in ihre Bücher eingeflossen ist. Dennoch sind diese Vorträge mehr als nur eine Skizze oder Ergänzung zu ihren Werken – sie vermitteln Vertiefung. Anhand von einigen Wiederholungen ist zu ersehen, was Elisabeth Haich wichtig war, ihren Zuhörern zu vermitteln.

Am 31. Juli 1994 verließ Elisabeth Haich im hohen Alter von siebenundneunzig Jahren im Kreise ihrer Lieben ihren irdischen Körper, in ihrem Sommerwohnsitz in Ponte Tresa, in der Südschweiz.

Ihr segensreiches Wirken lebt in unzähligen Herzen weiter.

Erinnerungen an Elisabeth Haich

Beginnen wir mit dem Buch „Einweihung" von Elisabeth Haich. Dieser Roman ist für viele Menschen ein zeitloser Klassiker, entstanden kurze Zeit nach dem Zweiten Weltkrieg. Seine moderne Sprache hat Generationen von spirituell Suchenden auf der ganzen Welt inspiriert. Die Menschheit ist im 21. Jahrhundert angekommen, in einer Zeit, in der immer noch so viele Menschen nach Wahrheit und nach dem tieferen Sinn des Lebens suchen.

Der Roman, geschrieben in autobiografischer Form, nimmt die Leser mit auf den außergewöhnlichen Weg einer jungen Frau zu Beginn des 20. Jahrhunderts in Budapest, lässt sie teilhaben an dem Suchen und Sich-finden durch Erkenntnisse, Enttäuschungen und Brüche, kurz bevor der Krieg beginnt.

Hier finden wir auch die Erlebnisse des Kindes, welches sich mit einer außergewöhnlichen Feinfühligkeit und Medialität konfrontiert sieht, aber auch mit dem Unverständnis ihres familiären Umfelds.

In der Mitte des Romans tauchen die Leser ohne Vorbereitung in die Zeit des alten Ägyptens ein. Der große Hohepriester Ptahhotep bereitet die junge Tochter des Pharao auf die Initiation vor, führt sie Schritt um Schritt in die universellen Wahrheiten des Lebens ein.

Mit tiefem Wissen und großer Weisheit werden uns die Gesetze von Karma und Wiedergeburt, die persönlichen Entscheidungen des täglichen Lebens und die Geheimnisse im Zusammenhang mit einer spirituellen Entwicklung offenbart.

Es wird das ägyptische Einweihungssystem erklärt, mit Hinweisen zum Baum der Erkenntnis, zu Hesekiel und den „vier Gesichtern Gottes", und es wird der Verlauf der Weltepochen beschrieben. In allen geistigen Lehrsystemen wird auf eine schrittweise Entwicklung Wert gelegt. All dies erlebt der Leser gemeinsam mit der Tochter des Pharao. Sie wünscht, durch Bestehen der verschiedenen Aufgaben und Prüfungen zur Einweihung zugelassen zu werden. Im Roman besteht sie jedoch die zehnte und letzte Prüfung im alten Ägypten nicht, und dieses Scheitern führt sie in die karmischen Verknüpfungen der „Neuzeit". In den Geschehnissen des Zweiten Weltkrieges werden diese schicksalsbindenden Knoten dann gelöst. So schließt sich der Kreis.

Elisabeth Haich teilt den Lesern verborgene Wahrheiten mit, die es ihnen ermöglichen, das für die geistige Erkenntnis notwendige Verständnisniveau zu erreichen. Die „Einweihung" zu lesen und zu verinnerlichen, ist gleichbedeutend mit einer Einweihung selbst.

In der Erstausgabe der „Einweihung" begrüßt Elisabeth Haich im Jahr 1954 den Leser auf der ersten Seite mit folgendem Gedanken von Goethe: „Was ist das Heiligste? Das, was heut und ewig die Geister, tiefer und tiefer gefühlt, immer noch einiger macht." Später sagt sie in einer der vielen Neuauflagen: „Das Buch wurde aus persönlichen Gründen in Romanform geschrieben. Aber wer Ohren hat, wird hören, dass jedes Wort Wahrheit ist."

Die Wahrheit kann nicht im Äußeren gesucht werden. Bücher, Gurus und Organisationen können uns letztendlich nicht die Ganzheit geben, welche nur in uns selbst zu finden ist. Es ist das Ungeoffenbarte, wie Ptahhotep im Roman sagt, das noch Ungewordene, die „Stimme der Stille", die uns hilft, uns an unsere ungeoffenbarte Ergänzungshälfte in Gott zu erinnern.

So beginnt für viele Sucher, die dieser außergewöhnlichen Frau begegnet sind, eine schicksalshafte Wendung. Im *Buch des Lebens* sind diese Ereignisse vorgezeichnet und müssen zur Erfüllung kommen.

Ein Schlüsselerlebnis:
Alles ist geführt, nichts ist zufällig

In meinem Fall war es die Suche nach einem schlüssigen und praktikablen Weg, in dem Bemühen, der Wahrheit des Lebens auf die Spur zu kommen. Jedem jungen Menschen ist es wichtig, sich in dieser Welt mit ihren Herausforderungen und verlockenden Angeboten zurechtzufinden, wie sie eine moderne Großstadt zu bieten hat. In den 1970iger Jahren war das Angebot an spiritueller Literatur nicht so übermäßig, wie es heute der Fall ist. Ich stieß auf die Hatha-Yoga-Bücher von Yesudian/Haich, und dazu kam der Roman „Einweihung", den ich einige Male las, aber eben nur las.

Bei einem jungen Menschen kann zuweilen der Hang zum Übertreiben groß sein, und weil ich keine Zeit verlieren wollte, übte ich mich durch alle Asanas des Buches „Sport und Yoga" . Was zufolge hatte, dass ich erst einmal einige Gelenkprobleme bekam.

Ein Erlebnis erschütterte mich bis in mein Innerstes. Yesudian verehrte den indischen Weisheitslehrer Vivekananda. Als ich im Buch den Namen Vivekananda las, den ich vorher noch nie gehört hatte, löste das in mir ein Erdbeben aus, als wenn ich aus einem tiefen Schlaf geweckt wurde. Ich wusste intuitiv: Das kenne ich. Ich kenne Indien. Ich kenne Vivekananda.

Dem Buch „Einweihung" gegenüber empfand ich von Anfang an eine gewisse Ehrfurcht und großen Respekt. Seine Autorin löste sowohl Achtung als auch ein Bild von Unerreichbarkeit in mir aus. Obwohl alle Themen im zweiten Teil des Buches eine enorme Anziehungskraft ausübten, den Drang nach Wissen und Weisheit zu stillen sowie auch geistige Kräfte zu verwirklichen, so war mir die Sanftheit und Feinheit in der Sprache von Yesudian erst einmal näher.

Links: Elisabeth Haich mit Selvarajan Yesudian, Sommerschule (1958)
Foto: Urfer, Ponte Tresa

Oben: Der große Saal in der C.F. Meyer Straße in Zürich

Diese Erfahrung wiederholte sich etwas später, bei meinem ersten und bei weiteren Treffen in Zürich, als ich durch berufliche Schritte in die Schweiz kam. Bei meinem Ankommen in der Stadt war mir nicht bewusst, dass die beiden Lehrer, die ich durch die Bücher kennengelernt hatte, ganz in der Nähe wohnten und mitten in Zürich eine Yoga-Schule unterhielten.

Ich meldete mich zum Yoga-Unterricht bei Yesudian an, und dann gab es da noch die speziellen Donnerstagabend-Vorträge von Elisabeth Haich, die jesuitischen Übungen und die geleiteten Meditationen.

In dem großen Saal an der C.F. Meyer Straße in Zürich, in dem der wöchentliche Yoga-Unterricht stattfand, gab es auch Vortragsreihen zu diversen spirituellen Themen.

Über viele Jahre, so oft ich konnte, nahm ich an diesen Vorträgen und Veranstaltungen teil.

Bei Elisabeth Haich lernte ich, mich zu erkennen, mich zu kontrollieren und wie wichtig Unterscheidungsvermögen ist. Die wichtigste Essenz war, immer „wach“ zu sein. Alles Erfahrene mit gesunder Kritik und einem klaren Verstand zu unterscheiden, zu prüfen und zu hinterfragen.

Aus ihren Vorträgen erfuhr ich viel über die Kraft und die Macht der Gedanken. Ich lernte die „Bild-schaffende“ Kraft kennen und bewusster wahrzunehmen – in meinem eigenen Leben, in meinen Handlungen und im Leben anderer Menschen.

Die Vorträge lehrten mich zu verstehen und zu beobachten, wie die verschiedenen Kräfte in der Schöpfung wirken. Sie erklärte vieles über Astrologie, über den Tarot und über die Weisheit der Rosenkreuzer. Zahlreiche Vortragsserien brachten Einblicke in die verschiedenen Menschentypen, sei es über die Handschrift oder die psychologische Deutung. Ebenso erschloss sich vielen von uns das Gebiet der Symbole, die es in Träumen, in den Zahlen oder in der Bibel zu erkennen und zu verstehen galt.

Obwohl Frau Haich selbst an einem Augenleiden litt und eine sehr starke Brille trug, hatte man bei ihr den Eindruck, dass sie einem bis in die Tiefe der Seele schaute. Zuweilen erzählte sie in Vorträgen von wundersamen Ereignissen, Geschehnissen und Geschichten mit einer für sie wahrnehmbaren Welt, wie zum Beispiel von Naturgeistern, von Elfen und Feen. Dann wieder berichtete sie von ihrem weißen Pudel, wie sie ihn beobachtete, wenn dieser im Garten, um das Haus herum, den Zwergen nachjagte.

Das Selbst ist dein Guru, der Meister ist in dir

Bei vielen Gelegenheiten war es möglich, mit Elisabeth Haich zu sprechen. Einmal brachte sie mich in meinem ersten Jahr in Zürich in Verlegenheit. Sie konnte oft sehr direkt sein, ohne einen höflichen Umweg zu nehmen, aber immer steckte eine große Weisheit dahinter.

Sie hatte mitbekommen, dass ich Yesudian darum bat, er möge mich als seinen Schüler annehmen. Sanft und bestimmt sagte er mir, dass er nicht mein Guru, sondern der Meister in mir sei. „Nein, bitte, ich bin kein Meister. Ich bin Herr Yesudian. Meister, das ist eine andere Sache." Ich nickte, aber ich verstand nichts, in mir war nur Leere.

Da erschien Frau Haich, und in das lange Schweigen hinein, wo ich nichts mehr spürte, fragte sie: „Wer bist du? Wer ist Yesudian? Wer bin ich?" Und sie deutete auf sich.

„Schau, es gibt nur ein einziges ewig Seiendes. Jeder Mensch trägt es in sich, jedes Wesen, ob Pflanze, ob Tier. Auch die Sonne und jeder Planet ist beseelt. Dieses einzige Seiende hat viele Offenbarungsinstrumente, unendlich viele. Dieses eine einzige Seiende wirkt durch alle Lebewesen. Aber nicht jedes Lebewesen kennt das eigene Selbst vollkommen, somit kann nicht jedes Wesen alle Eigenschaften des ewigen Selbst offenbaren. Wer das Eine vollkommen erfahren hat, kennt alle Möglichkeitsoffenbarungen. Alles ist in Gott, Gott ist in allem. Was du von mir und von Herrn Yesudian als äußere Form gewahrst und zu sehen glaubst, dass es das sei, ist nur ein Offenbarungswerkzeug. In dir selbst ist dieses Eine. Deswegen sagen die Inder, wenn sie sich begegnen: „Namaste – meine Seele begrüßt deine Seele. Das Sein begegnet dem Sein. Das Sein begegnet sich selbst in der Vielfalt der Formen. Ein reiner Spiegel im Spiegel."

Ein friedlicher Segen lag auf mir – nicht, dass ich alles verstanden hätte. Yesudian hatte auch andächtig zugehört und lächelte. Frau Haich verschwand dann wieder, um später mit ihrem Abendvortrag zu beginnen, an dem ich auch teilnahm.

Oft erklärte sie die Symbole der Bibel und gab mir später einmal mit dem Schlusssatz des Korinther-Briefes des Apostels Paulus eine schlüssige Erkenntnis.

„Wir sehen jetzt nur undeutlich, wie in einem trüben Spiegel, dann aber von Angesicht zu Angesicht. Jetzt erkenne ich stückweise, dann aber werde ICH erkennen, wie ICH erkannt BIN." (Kor.13,12)

Elisabeth Haich und auch Yesudian war es wichtig, dass Schüler nicht in eine Abhängigkeit kamen, selbst ein Schüler-Lehrer-Verhältnis im Sinne eines Gurus war ihnen suspekt. Beide waren sehr streng damit, und sie wiesen öfters darauf hin. Sie folgten nicht dem System von Meister-Schüler, aber zusammen repräsentierten sie den Geist einer spirituellen Gemeinschaft. Sie betrachteten Wissen nicht als Wissen, sondern es ging um Wissen durch Erfahrung, es ging um gefiltertes, vertieftes Wissen.

In allem, was Elisabeth Haich schrieb und sprach, war mir bewusst, dass sie mit ihrer Arbeit der Erfüllung einer Mission (zusammen mit Yesudian) folgte, den Menschen zu helfen, sich selbst zu erkennen. Sie zu lehren, warum wir leben und warum es so bedeutsam ist, sich der Einheit von Körper, Seele und Geist bewusst zu sein und sich vor allem seines Höheren Selbst bewusst zu werden. Die Grundvoraussetzung ihrer Schulung dieser Spiritualität war für mich also, zu eigenen Erfahrungen und Erkenntnissen zu kommen.

Geh deinen Weg und sei frei

Wochen später, zu einer anderen Gelegenheit, nutzte ich die Möglichkeit, mit ihr über Albrecht Dürer, den großen Maler des 16. Jahrhunderts, zu sprechen. Dürer war Rosenkreuzer, und es spricht vieles dafür, dass er, als er im Jahre 1500 sein berühmtes Selbstporträt malt, seine Einweihung erhalten hat.

Ich zeigte ihr eine Farbpostkarte mit dem Porträt und verwies auf meine Erkenntnisse: Dürer malt sich in Anlehnung an ikonografische Christus-Darstellungen. Die Form der Hand, wie in Herzform gehalten, und die auffallenden zwei Dreiecke, das obere gebildet durch die Haartracht, und das untere Dreieck, das mit der Spitze zum Knöchel des kleinen Fingers endet.

Frau Haich betrachtete mit mir die Karte, ohne darauf einzugehen. Sie erwähnte, dass viele Künstler der damaligen Zeit, wie Leonardo da Vinci, Michelangelo oder Raffael Santi, Bewahrer eines überlieferten Geheimwissens waren. In der Zeit, in der sie lebten, gab es eine Fülle an kabbalistischen, alchemistischen und rosenkreuzerischen Schriften. Es war aber auch eine Zeit fanatisch durchgesetzter Glaubensdogmen der Kirche gegen Andersdenkende. Gleichzeitig lebte im Verborgenen die Weitergabe des geheimen Wissens. Dann erzählte sie, dass nach ihrem Wissen Albrecht Dürer noch vor seinem Selbstbildnis eine Begegnung mit einem Meister des Rosenkreuzes hatte.

Da ich selbst malte, zeigte ich ihr Fotografien meiner gemalten Ölbilder und erwähnte beiläufig, dass ich nie eine Kunstschule besucht hatte. Ich erwartete eine Begutachtung, denn sie war doch auch eine gute Malerin. Sie aber bemerkte dazu: „Das mit dem nicht absolvierten Kunststudium in diesem Leben mag stimmen. Dann war es halt zu einer anderen Zeit, vielleicht Jahrhunderte zurück.“ Sie nannte mir eine Zeit aus der Vergangenhit, und meinte bestimmt, dass daher meine Gabe rühre, auf die ich mir aber nichts einbilden solle. „Entweder ist die künstlerische Begabung wieder eine Aufgabe oder etwas anderes wird in dein Leben treten. Aber selbst wenn das geschieht, ist es nicht zufällig. In der Gegenwart kommen Vergangenheit und Zukunft zusammen. Vergangene Dinge beeinflussen uns, und selbst in der Zukunft liegt schon das Leid, welches aus Wünschen entsteht, es sei denn, wir folgen dem Ratschluss des inneren Selbst. Doch solch einen Weg zu gehen, wird nicht unbedingt einfacher sein.“

Das war wieder ein *déjà vu*. Wie an dem Abend, als ich Yesudian um spirituelle Führung bat. Wieder entstand diese Leere. Lag es daran, weil ich ihre Aussagen wegen der Tragweite nicht verstand, oder war da etwas anderes, eine hohe Energie, die sie repräsentierte.

Da ich noch jung war und sie eine hochbetagte Dame, sagte sie zu mir: *„Kind, manchmal ist die Wahrheit nicht immer einfach zu verstehen. Erst durch die eigene Erfahrung des gelebten Lebens wird die dunkle Wolke zu einem heller werdenden Nebel. Wenn dann die strahlende Sonne deines Lebens weiter auf den Nebeldunst scheint, dann löst die Sonne der Wahrheit, die schon immer in deinem Leben geschienen hat, die letzten Nebelschwaden auf. Aus der Nacht wird der nächste Morgen, wird der wahre Tag. Das Leben, das Licht und die Wahrheit sind ewig.*

Jetzt gehe hinaus und lebe dein frei bestimmtes Leben.“

Wochen später traten Ereignisse in meinem Leben ein, die Frau Haich angesprochen hatte.

Eine Schule des Lebens

Die Schule in Zürich war keine formale Schule, sondern eine Schule des Geistes.

Selbst der Yoga-Unterricht diente dazu, ganz auf das Geistige ausgerichtet zu sein. Yesudian schrieb dazu über die Kraft des Yoga: „Yoga ist ein Werkzeug, das die Entwicklung beschleunigt, für ein bewusstes und entschlossenes Handeln, das auf die höchste Manifestation im Menschen abzielt. Yoga lehrt uns die Sprache des Lebens und hilft uns, das Leben sowohl für Kinder als auch für Erwachsene verständlich zu machen."

Yoga-Sommerschule in Ponte Tresa (1952)

An anderer Stelle sagte Elisabeth Haich einmal: „Yoga ist eine Wissenschaft, die ihre Aussagen beweisen und es dem Yoga-Praktiker ermöglichen kann, vollkommene Gesundheit, einen ausgeglichenen Geist, einen kontrollierten Geist, ein gerades und starkes moralisches Rückgrat, unbesiegbare Willenskraft und volle spirituelle Wachheit zu erfahren. Yoga beseelt den ganzen Menschen. Yoga ist Kraft, Ruhe und Sicherheitsgefühl."

Elisabeth Haich hielt bis in ihre letzten Lebensjahre, fast bis zu ihrem Hinübergehen in die geistige Welt, Vorträge und unterrichtete bis 1986 auch Hatha-Yoga in Ponte Tresa, dem Ort der Sommerschule am Luganer See. Die Struktur des Unterrichts war so, dass es eine Stunde Hatha-Yoga gab und dann eine Fragestunde, in der man praktische und theoretische Fragen stellen konnte, einerseits zu wissenschaftlich-philosophischen Themen, andererseits in einer sehr entspannten, gut gelaunten Diskussion. Yesudian unterrichtete auf dieselbe Weise.

Indien, Ramana Maharshi und Paul Brunton

Paul Brunton war ein britischer Journalist, der mehrmals in den Dreißigerjahren im Ramana-Ashram in Tiruvanumalai gewesen war. Paul Brunton war auch zwischendurch in Budapest gewesen und hatte Elisabeth Haich getroffen. Brunton erkannte sofort das Bewusstsein, das von Frau Haich ausging. Während ihrer Begegnung erhielt sie Antworten auf alle ihre geäußerten und unausgesprochenen Fragen, die tiefer gingen als rationales Denken. Im Kapitel ‚Der junge Priester erscheint' im Buch „Einweihung" wird diese Begegnung sehr genau beschrieben. Hier wird auch deutlich, wie intensiv die Haich-Yesudian-Linie eindeutig mit Ramana Maharshi verbunden ist.

In der Schule in Zürich hingen zwei große Bilder der Meister Sri Ramana Maharshi und Swami Vivekananda. Vivekananda verließ seinen Körper bereits 1902, während Maharshi erst 1950 ging. Da fragte es sich, ob sie ihm jemals begegnet waren, denn Yesudian wurde 1916 in der Nähe von Madras geboren, in einem kleinen Dorf nicht weit von Tiruvanumalai. Wir wissen, dass Yesudian es nicht tat, aus sehr einfachen Gründen. Er wurde in eine ayurvedische Familie hineingeboren, katholisch erzogen und besuchte eine katholische Schule. Der Name *Yesudian* bedeutet: „Diener Jesu."

Sri Ramana Maharshi

Im Alter von vierzehn Jahren traf er seinen Yoga-Meister, Mohan Singh. Yesudian war vertraut mit der indischen Kultur, aber er wusste damals noch wenig über den Hintergrund des geistigen Yoga.

Dann zog es ihn in sehr jungen Jahren durch eine Pfadfinder-Bewegung nach Europa, nach Budapest, um dort zu studieren. Eigentlich wollte er gerade nach Indien zurückkehren, als der Krieg dazwischen kam. In dieser Zeit lernte er Elisabeth Haich kennen, was bedeutete, dass er als indischer Yogi alles über indische Philosophie und Spiritualität nun fundiert von ihr bekam.

Sie machte ihn auch mit dem Verständnis von Advaita bekannt und wusste auch durch das Buch von Paul Brunton über Ramana Maharshi Bescheid.

Brunton recherchiert in seinem Buch „Geheimnisvolles Indien“ seinen Weg zu Yogis und Fakiren und erzählt von seiner Begegnung mit dem ‚Weisen vom Berg‘. Er kam zu einer Höhle am Berg Arunachala, wo er den Heiligen namens Ramana traf. Dieser weise Mann repräsentierte für Brunton die Quelle der Quellen, der Liebe und der Weisheit, die Manifestationen des reinen Bewusstseins sind. Ramana war ständig in diesem Zustand. Dieser Ort am heiligen Berg ist bis auf den heutigen Tag Anziehungspunkt für geistige Sucher aus der ganzen Welt.

Swami Vivekananda

Vivekananda, als gottgeweihter charismatischer Mönch, war hingebungsvoll. Ein Mensch, der den Dienst an die erste Stelle setzte, während Ramana Maharshi für Haich und Yesudian der Gipfel eines spirituellen Vorbilds war.

Haich und Yesudian sind später zweimal nach Indien zu damals bekannten und berühmten Ashrams und Orten gereist. Aber sie kamen mit bitteren Erfahrungen zurück. Sie trafen einen oder zwei Meister, mit denen sie sehr gute Gespräche führten, aber größtenteils sammelten sie schlechte Erfahrungen. Das waren Menschen, die zu der Zeit die öffentliche Stimmung beherrschten und auch Ashrams und Schulen führten.

Elisabeth Haich und ihre ungarische Heimat

Als Yesudian 1936 nach Ungarn kam, blitzten in ihm viele Erinnerungen auf, die man am besten als Rückblicke aus früheren Leben bezeichnen könnte, und alle waren mit Ungarn verbunden. Als er als zwanzigjähriger Inder in Budapest auftauchte, war das schon sehr ungewöhnlich für die Zeit, aber dennoch kein Zufall. Er lebte länger in der Schweiz als in Ungarn, aber zu Ungarn empfand er eine tiefe Verbundenheit. Er lernte nie richtig Schweizerdeutsch, aber er sprach fließend Ungarisch und hatte einen gewählten, geschmackvollen Wortschatz.

Wann immer möglich, sprachen sie beide Ungarisch miteinander. Wann immer Ungarn in die Schweiz kamen, so spürte man die ganz besondere Beziehung, die sie immer noch mit dem Land verband. Haich und Yesudian unterstützten die Landsleute, die kamen, und natürlich besuchten sie auch später einige Male die alte Heimat. Während der Jahre in der Schweiz hatte Elisabeth Haich im Geiste nie Ungarn verlassen, nicht einen einzigen Moment. Alles, was ungarisch war, die ungarische Sprache, die ungarische Kultur, die Volkslieder, das blieb für sie wichtig.

Geschichten, die das Leben schreibt

Es gibt viele persönliche Geschichten aus dem Leben von Elisabeth Haich: Geschichten, wie sie jedes Lebens schreibt. In ihrem Roman „Einweihung“ gibt es einige Hinweise, aber besonders sticht die Beziehung zu ihrem Sohn Gedeon aus erster Ehe heraus. Die Ehe wurde geschieden, doch der Grund ist nicht eindeutig, so dass Gedeon lange bei seinem Vater lebte. Gedeon war während des Krieges Fliegeroffizier in der ungarischen Armee, im Bündnis mit Deutschland. Was bedeutete, dass er auswanderte, als die Russen kamen und Ungarn besetzten. Er ging nach Kanada, weil Kanada Flüchtlinge aufgenommen hatte. Ursprünglich hatten Yesudian und Elisabeth Haich, als sie Ungarn verließen, den Plan, zu Gedeon nach Kanada zu gehen. Sie machten vorher Station in Zürich, weil sie dort viele Bekannte aus den ungarischen aristokratischen Auswandererkreisen hatten. Dieser Schweiz-Zwischenstopp kann als eine Reihe von Zufälligkeiten betrachtet werden. Elisabeth Haich hatte im Luftschutzkeller in Budapest während des Bombardements Yesudian vorausgesagt, als sie Bilderalben der Schweiz und Italiens betrachteten, dass sie dort einmal leben würden.

Gedeon kam später von Kanada in die Schweiz, als sie sich bereits etabliert hatten. Er lebte eine Zeit bei ihnen in Zürich, zog später nach Genf und eröffnete dort eine Yogaschule.

In ihrem biografischen Roman schreibt Haich von der Mutterliebe und der Sorge um den Sohn. Obwohl der Krieg vorbei war, erlebte sie schreckliche spirituelle Qualen, während sie sich Sorgen um das Schicksal ihres Sohnes machte, der zu diesem Zeitpunkt als Flugoffizier eingezogen war, von dem sie aber keine Nachricht erhielt. Diese schweren Prüfungen zwangen sie, sich mit ihrem ganzen Sein an Gott zu wenden. Sie betete nachts zu Gott und legte ihr einziges

Kind in seine Hände. In diesem Moment öffnete sich vor ihr der Weg zu Gott, durch den sie zu folgender Erkenntnis gelangte:

„Ich bin die Erfüllung, das Leben, die strahlende, ewige, unsterbliche Existenz… Es gibt keinen Kampf mehr, keine Reue mehr, kein Leiden mehr, keine Sünde mehr, keine Vergänglichkeit mehr, keinen Tod! Bei allen Geburten beginne ich eine neue Lebensform, das Unsterbliche, und im Laufe der Zeit kehre ich zu mir selbst zurück, dem Schöpfer, dem Erhalter, dem alles erneuernden, ewigen göttlichen Selbst.

Mir ist klar, dass Raum und Zeit nur am Rand der Scheibe der geschaffenen Welt existieren, die sich mit wahnsinniger Geschwindigkeit dreht. Ich bin jedoch eine Ewigkeit ohne Zeit und Raum in mir. Und wenn ich in mir selbst ruhe, fülle ich mit meiner ewigen Existenz den Raum und alles, was darin lebt:

„Ich bin
Die eine Realität,
Ich bin das Leben
Ich bin der ich bin!“

Als Leser erleben wir Elisabeth Haichs verschiedene Formen der Liebe: Die Liebe der Mutter zum Sohn Gedeon, die tiefe Verbundenheit zu Yesudian, die Liebe zum Vater und ebenso zur Mutter.

Sie berichtet von den Menschen, mit denen sie schon über die Zeiten verbunden war: Die ewige Weisheit als Ptahhotep; Thiß-Tha, der Heerführer des Pharao, im Leben in Ungarn ihr geliebter Vater; Atothis, der Bruder Ptahhoteps und Pharao im alten Ägypten, im späteren Leben Vivekananda; Ima, der Priesteranwärter, Gedeon, ihr Sohn im späteren Leben; Mentuptah, der Priester, später Paul Brunton; Bo-Ghar, später Selvarajan Yesudian.

Das jeweilige Leben knüpft an die noch zu erfahrenden Stufen eines vorher gelebten Lebens an, die für die Seelenentwicklung zu absolvieren sind. Das geschieht nicht zwingend analog, eine Erfahrung nach der anderen, sondern entspricht der Seelenweisheit immer ganzheitlich. Alle gemachten Erfahrungen sind in ihrer Summe letztendlich richtig.

Eine besondere Textstelle aus dem Buch „Einweihung" von Elisabeth Haich möchte ich hier zitieren. Diese hat mir erklärt, dass keine Erfahrung und keine Begegnung umsonst sind.

„Ich erkenne die Fäden, die mich mit meiner Ergänzungshälfte, mit Ptahhotep und Atothis, mit Ima und Bo-Ghar und noch mit vielen anderen Menschen durch Äonen verbinden, erkenne, wie die Höherstehenden uns, wir einander und den Tieferstehenden in der Vergeistigung der Erde, im Bewusstwerden in der Materie, im Körper, vorwärtshelfen. Die Erfahrungen, die wir in den vielen Leben einander bringen, dienen nur dazu, das Bewusstsein im Körper zu erweitern und zu vertiefen."

Die Lehre

Selbsterkenntnis

Der Mensch besteht aus GEIST und KÖRPER. Bevor der Mensch da war, war der Geist der Erstgeborene.

GEIST ist immer Feuer.
Die MATERIE ist kalt – das Entgegengesetzte.
„Der Geist Gottes schwebte über den Wassern." - Gen.1.2
Die Materie ohne Geist ist eine tote Substanz.
Das Gesetz des Geistes ist gebend, strahlend (wie die Sonne).
Das Gesetz der Materie ist nehmend, zusammenziehend,
kalt werdend.

Der SATAN lebt, weil der Geist ihm Leben gibt. Satan liegt als totes Gesetz in der Materie.

> Zwischen Geist und Materie ist der Mensch, er ist
> GEIST, LEBEN und deshalb unsterblich.

Der Mensch hat aber auch einen Körper – und aus den beiden entsteht das INDIVIDUUM. Wie viel Geist und wie viel Materie, das macht unsere Individualität aus. Wir bestehen alle aus Geist und Körper, aber wir offenbaren es ungleich. Es gibt Menschen, die eher das Gesetz des Geistes offenbaren; sie übertragen sogar das Gesetz des Geistes auf die materielle Ebene.

Wenn wir geben, offenbaren wir das Gesetz des Geistes.
Wenn wir nehmen, offenbaren wir das Gesetz der Materie.

Wenn wir nicht wissen, dass wir aus Geist und Körper bestehen, können wir nicht unterscheiden zwischen GUT und BÖSE!

Alle Begierden stammen aus der Materie. Der Mensch denkt dann: Ich wünsche es. Weil er glaubt, dass er der Körper sei. Der Mensch ist Geist und frei von der Materie.

Das *Letzte Gericht* haben die Menschen in Raum und Zeit projiziert. Das letzte Gericht erlebt jeder Mensch im letzten Augenblick, wenn er den Körper abwirft. („Die Böcke werden von den Schafen getrennt.") Wenn der Körper stirbt, fallen die zwei Prinzipien (Geist und Materie) auseinander. Es bleibt nur von uns, was gut war. Was schlecht war, geht in die Materie zurück und stirbt. Wenn der Schwerpunkt im Guten lag, bleibt der Mensch unsterblich. Der andere wird latent (= Schlaf).

Paulus: „Warum fürchtest du dich vor dem Tode? Alle verändern wir uns, aber nicht alle schlafen ein."[1]

Der Mensch denkt, er versteht und wird sich bewusst, dass das Leben Gott in uns ist. Der Mensch denkt, er sei frei, wenn er tut, was er will. Es kommt darauf an, woher der Wunsch stammt. Ich bin ein Sklave, wenn ich dem Wunsch aus dem Materiellen nachgebe. Wir können nur frei werden, wenn wir unterscheiden können, welcher Wunsch aus der Materie stammt und welcher aus dem Geist. Lernen wir die verschiedenen Schichten in uns zu erkennen, zu unterscheiden.

Wir irren uns nicht nur in den Wünschen, sondern auch dann, wenn wir glauben, Gutes zu tun: Liebe aus dem Geiste und Liebe aus der Materie. So dienen wir dem Satan. (Wir können nicht zwei Herren dienen!)

Es ist kein Mensch unter uns, der die zwei Stimmen nicht gehört hätte. Wenn wir in uns hineindenken, hineinhorchen, wird die Stimme immer stärker.

ASKETISMUS: Nicht Ziel, sondern Mittel.

---

1 Siehe auch: E. Haich, Sexuelle Kraft und Yoga, Seite 31, 2. Absatz

Wenn die Menschen wissen, welchen Weg sie gehen müssen, beginnen sie, sich zu isolieren. Der Körper zieht sich zusammen, der Geist strahlt aus – dadurch entsteht Einheit.

Wenn wir einen anderen Menschen kritisieren, dienen wir dem Satan – Mönchshochmut. Wir sollen uns lieben und uns annehmen, so wie wir sind. Die Wege sind verschieden, somit sind auch die Erfahrungen verschieden.

Die Zahl 7

Wir leben zwischen Wundern, wir sind sie aber so gewohnt, dass wir sie kaum mehr achten.

Überall finden wir die Zahl **7** (Schlüsselzahl, mystische Zahl).

- Der Sonnenstrahl löst sich auf in sieben Farben (Regenbogen)
- 7 Töne in der Musik
- 7 Tage der Woche
- Die 7 Himmel, die 7 Sakramente
- Die 7 Erzengel, die 7 Hauptteufel
- Die 7 verschiedenen Sünden
- Die 7 Visionen des Johannes: Die 7 Kerzen
- Rom wurde auf 7 Hügeln erbaut

Tierwelt:

- Die Henne sitzt 3 x 7 Tage auf den Eiern.
- Die Gans sitzt 4 x 7 Tage.
- Eine Mutter trägt ihr Kind 38 x 7 Tage.
- Bei Krankheiten: Krisen zusammenhängend mit der Zahl 7 (Lungenentzündung 3 x 7 = 21 Tage).
- Der Mensch hat 7 Wirbelknochen im Hals
- 7 Rippen, die zusammengewachsen sind

Bauer – Bürger – Adeliger – Baron – Graf – Herzog – König/Präsident

BEWUSSTSEINS-EBENEN

7	Schöpfer	Atman	Gottmensch
6	Nächstenliebe	Buddhi	Prophet, Weiser
5	Idee (Ursachen)	Kausalebene	Genies: Goethe, Shakespeare
4	Gedanken	Mentale Ebene	Mensch
3	Gefühle (Begierden)	Astralebene	Tier
2	Lebensenergie	Ätherebene	Pflanze
1	Körper	Phys. Ebene	Mineralien (Kristalle)

In den Mineralien ist auch ein positiver und negativer Pol, das beweist die Kristallisation (das Bewusstsein ist latent).

Die Pflanze lebt ein vegetatives Leben.

Das Tier umfasst alle drei Stufen: Körper, Lebensenergie und Gefühle/ Begierden.

Der Mensch umfasst mindestens vier Stufen: Dadurch, dass er denkt, unterscheidet er sich vom Tier.

Höher entwickelte Menschen: Genie, Prophet, Weiser, Gottmensch.

Zwischen Mensch und Mensch kann, je nach der Stufe, ein größerer Unterschied sein als zwischen Mensch und Menschenaffe. Jeder Mensch kann sein Bewusstsein so erhöhen, dass er sich bis zur Stufe des Gottmenschen hinauf entwickelt.

Auch die niederen Stufen enthalten in sich alle sieben Ebenen, aber nicht bewusst, nur latent.

Im Menschen befinden sich auch alle sieben Stufen, meist sind aber nur die vier unteren bewusst.

Der Durchschnittsmensch bringt keine neuen Ideen hervor.

Atman[2] bedeutet das Leben (Gott). Gott ist auch in der Pflanze, im Stein, ohne sich jedoch manifestieren zu können. (Der Stein ist aus deiner Sicht schwer.)

Äther-Ebene / Lebensenergie: Hat drei Haupteigenschaften

- Sie sucht sich immer Nahrung.
- Die Aufnahme der Nahrung.
- Die Assimilierung der Nahrung.

Astral-Ebene / Gefühle, Begierden

- Es bewegt sich in uns die Astralebene: Als Freude, Schmerz, Sehnsucht, Leidenschaft.
- Musik hören, mitfühlen
- „Himmelhoch jauchzend, zu Tode betrübt" – wie Ebbe und Flut

Mental-Ebene / Gedanken

- Gedanken und Gefühle sind sehr eng verbunden.
- Wir können uns die Gedanken allerdings getrennt von den Gefühlen vorstellen: Logischer Gedankengang eines Gelehrten (Gefühle ausschalten).
- Die Gedankenwelt ist nie schöpferisch.[3]

Kausal-Ebene / Genie

- Schöpferisches Schaffen, Ideen

Buddhi / Nächstenliebe

- Der Weise liebt alle Lebewesen ohne Unterschied.
- Er lenkt seine Kräfte bewusst. Geduld, Einsicht.

---

2 *Atman* (Sanskrit), das absolute, wahre Selbst, die unsterbliche, immaterielle Seele, ist ewig frei.

3 Die Gedankenwelt braucht den Impuls aus der Kausalebene. Ansonsten ist sie nur analysierend, vergleichend etc.

Atman / Schöpfer

- Gottmenschen: Krishna, Christus
- Wir Menschen haben alle das Bild des Gott-Menschen in uns, wir wissen alle, wie er ausschaut und wie er sich benimmt.

Symbol des Menschen, die Menora

Moses hat auch die sieben Ebenen gekannt. Er hatte seine Initiation in Ägypten erhalten. Auf dem Berg Sinai bekam er von Gott den Auftrag, nachdem er das Urbild gesehen hatte, einen siebenarmigen Leuchter zu gestalten, mit den 22 Mandelblüten.[4] (Moses 2, 31-49)

Die mentale Ebene ist in der Mitte, es spiegelt sich darin alles, was im Menschen ist.
Der Kern, worauf sich alles Übrige aufbaut, sind bei uns die Knochen: Das Skelett, das Spiegelbild des Geistes.
Alles, was oben ist, spiegelt sich nach unten.

Die vier unteren Ebenen sind sterblich.
Die oberen drei Ebenen sind unsterblich.
Wenn wir unser Bewusstsein in den vier unteren Ebenen halten, wird beim Tod unser Bewusstsein latent (= Schlaf).
Wenn das Bewusstsein eines Menschen immer mehr als vier Ebenen umfasst, bleibt sein Bewusstsein wach.
Der Apostel Paulus spricht von zweierlei Tod (im Römer-Brief[5]):

1. Der Körper ist tot und das Bewusstsein latent (= Schlaf)
2. Der Körper ist tot und das Bewusstsein ist wach (unsterblich).

4 Das hebräische Alphabet besteht aus 22 Buchstaben. Hinweis zur Kabbala, zum Tarot.
5 Römer, 5,12-21 / 7,4-13

Praktische Anwendung der sieben Ebenen – am Beispiel einer Stadt.

1.	Körper	Häuser, Straßen, Brücken (Friedhof – die abgestorbenen Körper)
2.	Lebensenergie	Markthallen, Lebensmittelgeschäfte, Küchen
3.	Gefühle	Unterhaltung, Tanzlokale, Operetten (Astralgenuss)
4.	Gedanken	Bildungs-, und wissenschaftliche Stätten, Zeitungen
5.	Ideen	Künstler-Atelier, Arbeitszimmer eines Genies
6.	Nächstenliebe	Kirchen
7.	Schöpfer	Sakramente in einer Kirche

Weiteres Beispiel – Literatur

1.	Körper	Papier, Leinen, Leder
2.	Lebensenergie	Kochbücher
3.	Gefühle	Unterhaltungsliteratur, Romane, Theater, Mode, Sensation, Zeitschriften über Kino
4.	Gedanken	Wissenschaftliche Bücher
5.	Ideen	Bücher wie die Klassiker (Ideen aus der Kausalebene)
6.	Nächstenliebe	Philosophie (gipfelt in der Lehre von Liebe / Weisheit)
7.	Schöpfer	Heilige Bücher: Bibel, Koran, Veden, Upanishaden

Die Geduld

Die wirkliche Definition kann nur geben, wer selbst schon die Geduld erreicht hat, sie beherrscht. Leute, die Geduld nur durch Liebe erreichen, sehen hier den Zusammenhang. Doch das ist es noch nicht. Noch einen Schritt weiter – und die wahre Geduld ist erreicht.

Geduld ist dort, wo die Zeit nicht ist,
also ein Über-der-Zeit-stehen.

Wo wir sprechen „Geduld", da beginnt schon die Zeit.
Vorstufen zu Geduld sind:

- Warten können.
- Warten müssen.
- Gleich danach kommt schon die Ungeduld.

Geduld ist die Beherrschung der Zeit / Zustand der Zeitlosigkeit.

Der Geduldige weiß, wann die Zeit für etwas reif ist. Er steht über dem Warten, er ist geduldig.

Das Zentrum / Gott hat drei Haupteigenschaften:
- Wahr – schön – gut

Diese drei sind eng zusammen verbunden: Das eine bedingt das andere. Die übrigen Begriffe leiten sich davon ab: Aus Liebe stammt Güte, Barmherzigkeit, Mitleid etc.

Aus der Wahrheit stammt die Geduld.

Der Sitz der Geduld ist die Schilddrüse.

Schilddrüsenkrankheiten werden geheilt durch Geduld. Wenn die Schilddrüse schwach ist, bedingt dies langsamere Reaktionen (sprechen, lesen, schreiben).

Wenn die Schilddrüse übermäßig arbeitet, wird die Zeit für uns langsamer, die Minuten sind dann für uns ergiebiger (wir können rasch sprechen etc.). Solche Menschen werden ungeduldig mit den langsameren Menschen.

Fragestunde

Homöopathie, Kräutermittel als Unterstützung von Yoga-Übungen?

Antwort: Ja, beide können parallel einhergehen.

Inferno

1. Tod des Menschen der vier unteren Ebenen:
   Abwerfen des Körpers. Das latente Bewusstsein kommt in einen Zustand, wo wir in unserem eigenen Wesen eingesperrt sind. Alle Eindrücke, die wir im Leben gesammelt haben, müssen wir dann „verdauen".

2. Tod der Menschen mit wachem Bewusstsein:
   Es haben alle Menschen die Möglichkeit, also auch die unter 1 (unteren vier Ebenen) genannten, zur Weiterentwicklung. Es kommt der Zustand, wo wir alle unsere Eindrücke „verdaut haben". Einmal kommt ein *Ausklang*, wenn die Kräfte sich ausgewirkt haben, wenn sie langsam ihre Spannkraft verlieren – dann fällt der Astralkörper auseinander, Astral- und Mentalkörper trennen sich.

   Dieses Stadium nennen wir Purgatorium.[6]

Individuum

Indem sich der Geist in die MATERIE kleidet, entsteht das INDIVIDUUM. Nach dem Tod des Menschen bleibt nur der reine Geist bestehen. Wie lässt sich dies mit der Lehre der Wiedergeburt vereinen, wenn doch im Jenseits alles Persönliche abgelegt werden muss und nur das Göttliche bleibt? Geht dann der Geist, welcher unsterblich ist, nicht in den allgemeinen Geist ein?

6 Purgatorium, „Fegefeuer", Ort der Reinigung, Klärung, Läuterung

Antwort: Der Geist war, ist und wird immer im allgemeinen Geist bleiben. Er ist nie getrennt – zieht sich nur beim Tod aus der Materie zurück. Das Individuum wird latent. Wenn der Geist sich aus der Materie zurückzieht, fällt der Stoff von diesem darin eingekleideten Geist ab.

Christus hat die Sünden dieser Welt auf sich genommen. Im Moment, wo wir Menschen werden, hat der Geist die Sünden dieser Welt auf sich genommen (dies gilt für alle Menschen).

Es gibt keine schlechten Menschen: Unter dem äußeren (der Materie verhafteten) Schmutz ist der Kern des Menschen REIN.

Beim Tod eines Menschen, der in seinem Leben beinahe nur das offenbart hat, was seinem Leiblichen gemäß war, der die irdischen Eigenschaften förderte, sich damit identifizierte – bleibt (beim Tod) das wenige Geistige an ihm rein.

Fragen zur Wiedergeburt

Ein Gleichnis dazu: Ein Bildhauer arbeitet gleichzeitig an zehn oder zwölf Arbeiten, heute an dieser, morgen an der nächsten und dann wieder die eine oder die andere Arbeit. Es ist immer derselbe Bildhauer. Er vergisst keine seiner Arbeiten. So arbeitet auch das höhere Selbst an den verschiedenen Lebenserfahrungen.[7]

In *allen* Menschen lebt dasselbe ICH.

Alle Ebenen spiegeln sich auf der Mentalebene

Unser Verstand ist wie eine Linse, die nach außen projiziert:

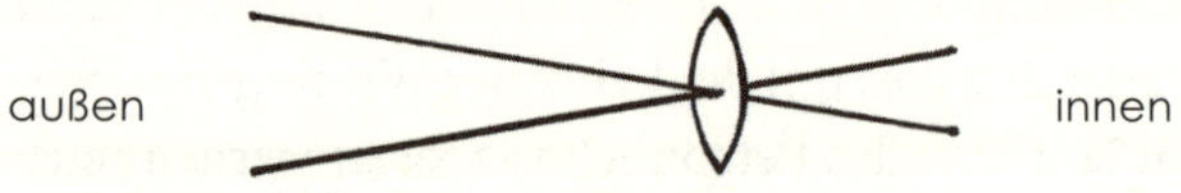

7 Lebenserfahrungen: Also nicht analog, fortlaufend, sondern das höhere Selbst, welches jenseits von Zeit und Raum ist, sammelt gemäß dem angenommenen Gesetz der Wiedergeburt Erfahrungen in einem Erdenleben oder einem zweiten, dritten oder vierten.

Wir Menschen sehen also die Dinge so, wie wir innerlich sind. Ein Grobian denkt immer, die anderen seien grob. Ist ein Mensch voller Liebe, sieht er überall die Liebe. Unser Verstand ist einfach ein Spiegel, unser Körper ein Spiegelbild unseres Geistes.

Nach den Gefühlen gestalten sich unsere Gedanken: Ich habe Hunger – es spiegelt sich die Ätherebene.

Ein Genie unter Musikern setzt sich ans Klavier. Er hat herrliche Ideen: Er schreibt Noten. Das Sprechen, das Schreiben gehören zur Mentalebene.

Wenn der Spiegel rein ist, erfüllt er seine Aufgabe.

Wenn der Spiegel grün ist oder verschiedene Farben hat, können wir nicht objektiv sehen, was sich darin spiegelt.

Unser Skelett

Gleichnis: Der Ingenieur, der eine Brücke baut. Zuerst kommt der Plan aus dem Geist. Danach baut er die Brücke.
Der Geist baut sich den Körper. Nach der Idee entsteht der Bau = Skelett. In einem Röntgenbild kann man genau die Kraftlinien an den Knochen ablesen.

Es ist unmöglich, Astral- und Mentalebene zu trennen.

Lustig und fröhlich zu sein, ist auch ein Ausdruck Gottes im Menschen.

Einschlafen

Versuchen wir beim Einschlafen, immer langsamer zu atmen und uns zu beobachten, wie wir langsam einschlafen. Täglich langsam üben. Unser höheres Selbst trennt sich und beobachtet unser Denken. Ich denke: Die Gedanken nehmen an Form zu – auf einmal denke ich nicht mehr in Gedanken, sondern in Bildern.

Projizieren der Gedanken = Träume.

Bei Tag stehen wir stets unter unserer eigenen Hypnose.

Wenn wir unsere Gedanken still machen, sehen wir Bilder, wir träumen.

- Der Geist denkt nicht – ER WIRKT.

Der Mensch denkt fortwährend.

- Sei STILLE und WISSE, dass ich Gott bin.

Bei Inspiration zittert der Künstler = Vibration des Geistes.
Das Denken ist immer nur ein Hilfsmittel, eine Brücke von der Unwissenheit zum Wissen. Weil Gott alles weiß, so denkt er nicht. Er kennt Vergangenes, Gegenwärtiges und Zukünftiges, ist wissend und wirkend. Nur der Mensch denkt – eine unentbehrliche Brücke.

Irrsinn

Der Geist[8] ist vom Körper ausgefahren, die Individualität wird aber doch nicht ganz vernichtet. Es ist eine Erfahrung, dass Irrsinnige, die am meisten isoliert sind, vor dem Sterben die Klarheit zurückgewinnen: Die Isolation von Körper und Geist hat aufgehört.

Der Körper eines nach seinen Instinkten lebenden Menschen und der Körper eines Heiligen sind sehr verschieden. Reflexe und Reaktionen sind ganz unterschiedlich.

Lotossitz

Das Rückenmark muss senkrecht sein, dass sich ein senkrechter Druck ergibt: Spannung steigert den Lebensstrom.

8 Hier bedeutet Geist: Denkprinzip, Fühlen, Wahrnehmen, als das Gemeinsame einer Persönlichkeit.

„Schäle alles ab von dir, was Begierde ist
– was übrig bleibt, ist Gott.“ [9]
Meister Eckhart

Es gibt nur einen Gott, aber mehrere Kräfte.

Was ist die Bedeutung der Ehe, denn nur das Kind kann es nicht sein. Es ist nur dort Leben, wo sich zwei Pole in Spannung halten. LEBEN = Spannung zwischen zwei Polen. Das Rückenmark hält diese Spannung in sich (sehr hohe Frequenz).

Solange der Mensch nicht in sich die zwei Pole finden kann, so lange muss er im Äußeren den zweiten Pol finden.

- Negative und positive Pole ziehen einander an, es entsteht eine Spannung; durch Spannung entwickeln wir uns, Spannung erhöht unsere Widerstandskraft.
- Leiden ist immer Fortschritt.
- Unwissenheit ist ein Hindernis auf dem Weg der Entwicklung.

Sexual – Yoga:

- Ein Mensch, der in dieser Welt lebt, würde irrsinnig auf diesem Wege.
- Das Durchbrechen der Hindernisse empfinden wir als Leiden.
- Es gibt die Persönlichkeit aufbauende Kräfte.
- Es gibt die Persönlichkeit abbauende Kräfte.

9 Meister Eckhart war Theologe und Philosoph des Spätmittelalters. Eine bedeutende Aussage von ihm: Im Seelengrund sei die Gottheit stets unmittelbar anwesend.

Die Astralwelt

Auch Materie, sehr elastisch. Nicht zu hart und so schwer wie die Erde. Wir kennen diese Materie, weil wir PHANTASIE haben.

Phantasie = Astralmaterie

Was wir denken, bekommt Form. Der Astralkörper ist sehr elastisch. Wir stehen in unserem Astralkörper. Je größer ein Mensch geistig ist, desto größer sein Astralkörper. Vergleich mit dem Licht. Der Astralkörper nimmt immer die Form an, an die wir denken. Unser Geist dirigiert unseren Astralkörper.

Geben = Astral = Gefühle

Astral ist nicht niedrig. Es kann niedrig sein in Moralität. Ein geistiger Mensch (Gottmensch) strahlt auch Licht aus, aber vollkommen *rein*. Die sieben Ebenen gehören zusammen.

Wir müssen gegen Krankheiten kämpfen. Gesundheit[10] ist göttlich. Krankheit ist im Negativen. Der Astralkörper eines hochstehenden Menschen ist immer *rein*.

Wir bauen unser eigenes Leben: Wenn wir lange an etwas denken, baut sich die Astralmaterie auf. Wo sie sich verdichtet, beginnt schon etwas materiell wirklich zu werden. Wir brauchen nur Geduld für Experimente.

Auch der Astralkörper[11] zieht sich beim Sterben aus dem Körper heraus. Der Astralkörper zieht sich vor dem Ätherkörper zurück. Das Bewusstsein bleibt mit dem Astralen.

---

10 Gesundheit ist ein Grundzustand ohne Polarität – immer ausgeglichen.

11 Siehe auch S. 58ff.

Wie der Mensch im Astralkörper lebt, besprechen die heiligen Bücher.

(Purgatorium, Zwischenwelt): 1. Tod
2. Tod[12]

Entweder schläft der Mensch ein oder er geht mit vollem Bewusstsein in die andere Welt hinein. Er „verdaut" also, was der Mensch in seinem Leben aufgenommen hat. Es ist derselbe Prozess wie beim Einschlafen: Die Sinne fallen herunter.

Der Mensch, also das Bewusstsein, bleibt allein mit seinen Eindrücken, „Mit dem gleichen Maß, mit dem du misst, wirst du gemessen werden."[13]

Wir tragen das Gesetz *in uns*.

Der Astralkörper löst sich auf: Er geht in die universelle Astralebene ein. So wie die Erde existiert, so ist auch die Astralebene da.

Der Hund riecht nicht den Geruch des Menschen, er fühlt die Astralfetzen, die der Mensch hinter sich lässt (Schleier).

Geruchsskala – wir vernachlässigen unsere Nase.

---

12 Zweiter Tod: Offenbarungen des Johannes, Offb. 2,11. Bei Franz von Assisi in seinem Sonnengesang: „… denn der zweite Tod wird ihnen kein Leid antun."

13 Matth. 7,2 / Lukas 6,38

Astral- und Mental-Ebene

Das, was wir Leben nennen, zum Beispiel der Glanz, der aus den Augen strahlt, ist der Ätherkörper – mental und astral.

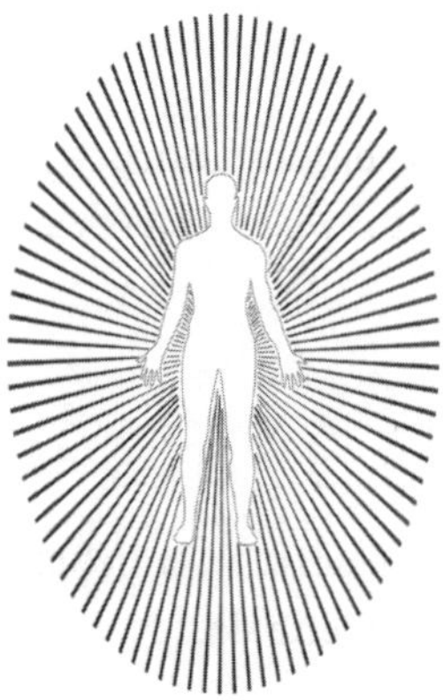

- Der Ätherkörper ist wie ein Körper selbst, geht allen Konturen nach.
- Der Astralkörper ist wie Lichtstrahlen.
- Der Astralkörper ist ständig im Wechsel begriffen und ändert auch seine Farben.
- Bei Aufgeregtheit ist der Astralkörper wie glühend.
- Vergleich mit einer Seifenblase: Sie dreht sich und zittert, spiegelt Bilder, hat wunderbare Farben, ändert fortwährend ihre Form – so auch der Astralkörper.

Medium

Meist Frauen, Männer eignen sich ganz selten. Trance-Zustand, wie schlafend – der Astralkörper kommt heraus (wie ein Stromnetz aus dem Mund – Blitz).

Die Medien gehen alle zugrunde, die Experimente sind sehr gefährlich. Die Medien geben ihre Lebenskraft ab, werden erschöpft. Haare und Nägel sind auch belebt vom Ätherkörper, aber schon an der Grenze: Nagelbett und Haarwurzel sind noch im Ätherkörper, was herauswächst, kann man abschneiden, es tut nicht weh. Auch die Haut schuppt sich ab, da, wo der Ätherkörper die Haut nicht mehr erfüllt.

Dass wir Schmerz fühlen, ist astral. Das Astrale ist ein Übermittler zwischen Geist und Körper. Der Sitz des Astralen ist das Nervensystem:

Wir fühlen und empfinden, weil die Nerven uns das Bewusstsein des Körpers zutragen.

Beurteilung des Astralköpers nach Farben:

GLAUBE	Blau	Glaube: Wenn der Mensch glaubt, gibt er sich in die Sache hinein, mit seiner ganzen Seele, etwa in seine Arbeit oder in einen anderen Menschen.
DENKEN	Gelb	
IDEALIST	Lila	Blau, gelb, lila strahlen alle aus dem Kopf, lila zuoberst, die Farben mischen sich (nebeneinander, ineinander).
NÄCHSTEN-LIEBE	Lichtrosa	Rosa strahlt aus dem Herzen (Teilweise auch nach oben)
Sexuelle LIEBE ÄRGER	Rot	Wie die Farbe von Mohnblumen
SYMPATHIE, MITGEFÜHL	Grün	
SELBSTSUCHT	Dunkel	Unschöne Farben

Den Astralkörper könnte man nur als Kinobild zeigen. In seinem Aussehen gleicht er dem Nordlicht (*Aurora borealis*).

Der Durchschnittsmensch ist wie ein Stück Holz, das brennt. Wenn wir einen höheren Zustand erreichen, sind wir das Feuer, das brennt (Vergeistigung – das Feuer ist unsterblich). Vor dem Tor zum Paradies steht ein Engel mit einem feurigen Schwert.

Märchen, Zauberflöte:	Prüfung bestehen, indem wir durch das Feuer hindurchgehen.
Astralkörper:	Rot wie Morgendämmerung (Kardinalsmantel).

Was wir *in uns* beherrschen, beherrschen wir auch in der Außenwelt. Wir müssen wissen, wie wir das Astrale beherrschen. Jeden Moment ausnutzen zum Lernen, zum Erfahren.

Wenn wir wilde Musik hören, zittert unser Astralkörper entsprechend der Musik.

Übung: Nicht im Schritt mitgehen, sondern den eigenen Rhythmus bewahren. Es auf diese Weise fern von sich selbst halten, so dass man sein eigener Herr bleibt. Wenn ein Gefühl uns mitreißt, nüchtern bleiben und denken: „Ich bin unabhängig, ich bin bei mir!" Langsam lernen wir, uns zu beherrschen.

Das Astrale ist die verführerische Schlange, die uns immer wieder mitreißt. Wir denken allerlei, träumen fortwährend (fallen in die Phantasie) und bereiten uns Leiden. Wir müssen nüchtern bleiben.

Das Mentale:

Die Gedanken, sie fließen immer weiter. Ein Warteraum zum Beispiel ist voll von sehr verschiedenen Gedanken-Überbleibseln der Menschen, die darin sind und waren. Gute Menschen lassen in der Luft gute Gedanken zurück.

Formen:	Spiralen bei gehässigen Menschen. Stachliges bei ärgerlichen Menschen.
Niedere Ebene:	Lange Wellenlänge
Höhere Ebene:	Kürzere Wellenlänge

In dem Moment, wo der Mensch einen Gedanken beherrscht, steht er über der Astralebene.

Die ZEIT besteht nur auf der Mentalebene. Das, was vergangen ist, ist keine Wirklichkeit mehr. Das, was in der Zukunft ist, ist „mehr als nichts".

Gegenwart ist Vergangenheit und Zukunft: Geometrische Linien = somit nichts.

Wieso empfinden wir die Zeit? Weil wir in unserem Verstand die Vergangenheit und Zukunft zusammenbinden.

Prüfen wir fortwährend, woher unser Hermes-Bote (Merkur = das Denkprinzip) kommt: Bringt er uns niedere Gedanken oder bringt er uns Nachricht von der höheren Ebene?

• • •

DANKBARKEIT: Betrachten wir sie nicht in Beziehung zu uns. Stellen wir uns vor: Zwei Menschen, beide sind gleich.

Mensch

Mensch

Der eine gibt, der andere empfängt.

Die drei Gunas

TAMAS	Die drei Eigenschaften, in welchen die Natur sich
RAJAS	uns offenbart. Sie wiederholen sich immer.
SATTVA[14]	

Sanskrit besteht auf der 5. Ebene (Ursachen), die Worte drücken mehr aus, der Sinn geht viel tiefer, es werden die Ursachen genannt.

TAMAS:	Die Schwere der Masse, das, was isoliert. (Die Materie isoliert die Kräfte. Materie = Isolation)
RAJAS:	Spannung, Leidenschaft (vor dem Durchbruch) Wenn der Vulkan die Erde durchstößt und ausbricht, werden Kräfte frei, die Spannung hört auf, wenn sich dann ein ausgleichender Zustand ergibt.
SATTVA:	Abgeklärtheit, Güte.

Bei Pflanze, Tier und Mensch ist immer jeweils die oberste Stufe die unterste Stufe der nächsten:

- Was bei der Pflanze SATTVA, ist TAMAS beim Tier.
- Was beim Tier SATTVA ist, ist beim Menschen TAMAS.

Es ist ein ewiger Kreislauf von TAMAS über RAJAS zu SATTVA.

- In der Pflanze sind die wirkenden Kräfte Rajas.
- In der Pflanze sind die heilenden Kräfte SATTVA.

Ein Mensch, der die SATTVA-Stufe erreicht hat, entwickelt sich zum Genie, muss also über Tamas und Rajas (neue Spannung) zu SATTVA auf eine höhere Stufe gelangen.

14 Die drei Gunas, Sanskrit: Eigenschaften, Qualitäten. *Tamas* (Trägheit, Dunkelheit, Chaos), *Rajas* (Rastlosigkeit, Bewegung, Energie), *Sattva* (Klarheit, Güte, Harmonie).

Zur Entwicklung braucht der Mensch Leiden und Schmerzen. Durch Schaden wird man klug. Alle Sünden kann man wiedergutmachen, es ist nur eine einzige, die sich rächt: UNWISSENHEIT.

Fehler durch Unwissenheit müssen wir büßen – dadurch lernen wir. Überwindung von Tamas: Aus der Unwissenheit wissend werden.

Unsterblichkeit erlangt der Mensch erst, wenn er sattvisch wird. Mit jedem neuen Leben beginnt wieder die Entwicklung von Tamas über Rajas zu SATTVA.

Wir müssen uns für alles interessieren, was wir hören. Jede Gelegenheit ist dazu da, dass wir weiter lernen. Lernen wir und besiegen wir dadurch Tamas.

Der Mensch hat alle Fähigkeiten in sich, man muss nur MUT dazu haben!

Demosthenes, der Stotterer, entschloss sich, ein Redner zu werden: Er ging ans Meer, übertönte die Wellen, hat unermüdlich an sich geübt. So wurde er der größte Redner seiner Zeit.

Die Kräfte sammeln sich in uns, wir werden wütend, und dadurch vernichtet sich diese Unvollkommenheit.

Hemmungen in uns sind auch Tamas. Solange wir unsere Kräfte nicht beherrschen können, sind die Hemmungen gut. Die Erziehung legt Hindernisse vor unsere Leidenschaften.

Gott sei Dank für die Hemmungen, die zu viel Zerstörung verhindern.

WUT = eine Kraft. Wir müssen sie nur umwandeln, uns bewusst werden, dass es aufgehaltene Kräfte sind. Öffnen wir eine Tür, und die Kräfte können zum Segen werden.

Der Mensch hat auch vernichtende Kräfte, aber selbst diese können sich zum Wohle auswirken. Jeder Mensch hat zum Beispiel sadistische Kräfte: Fängt der Mensch an zu töten, wird er tierisch. Wendet der Mensch diese Kräfte an, etwa als Zahnarzt, der bohrt, oder als Chirurg, der ein Patienten aufschneidet, sind diese Kräfte segensreich angewendet.

Kräfte in uns erkennen, sie uns bewusst machen, um sie gut zu gebrauchen. Es kommt immer auf den Gebrauch der Werkzeuge, der Kräfte an. Gott hat sie alle geschaffen, und Gott kann nichts Schlechtes schaffen.

- Junge Leute: Die Kräfte vermehren sich (Rajas).
- Alte Leute: Nach vielen Erfahrungen und Schmerzen werden sie sattvisch.
- Vater und Mutter: Sattvisch = Sanftheit, Zärtlichkeit. Unterschied zwischen sattvischer Güte und göttlicher Güte: Blinde Liebe, Großmütter, die Kinder verwöhnen.

Die Natur arbeitet manchmal gewaltig, aber im Grunde immer gut. Ein Sturm kann großen Schaden anrichten, ist aber doch gut, er bringt Reinheit und Regen.

Die Leidenschaften bei Menschen sind oft schrecklich, wir müssen uns dagegen verteidigen – aber sie verursachen daneben auch Gutes. So furchtbar Kriege sind, sie bringen auch Segen, denn sie zwingen den Menschen, das Maximale aus sich herauszubringen. Nachher Aufschwung, Erweiterung der Kultur.

Solange der Mensch auf der 4. Ebene ist (alles auf sich bezieht), ist auch SATTVA gefährlich. Das Ziel ist göttliches SATTVA.

Erkennen wir unsere Kräfte, fortwährend in Selbstanalyse!

Das höhere Selbst lebt und fühlt alle Standpunkte, nicht nur den eigenen. Wir können uns in andere hinversetzen. Solange wir egoistisch sind, leben wir im Dualismus – solange wir mit unserem höheren Selbst im Dualismus sind, sind wir noch nicht lebendig. Wir fangen an, lebendig zu werden, wenn wir uns in alle Standpunkte hineindenken können. Wir kommen zur Überlegung, dass wir gleich handeln würden, wenn wir in der Lage des anderen wären.

Wir bleiben sterblich, solange wir nicht mit anderen mitfühlen, uns in andere hineindenken können.

Solange wir von anderen fordern, dass sie wie wir sein sollen, so lange sind wir Gefangene.

Ich kann mir selbst nur vergeben, wenn ich anderen auch vergebe! (Siehe im „Vaterunser") So wachsen wir aus der sattvischen Güte heraus und lernen, wie wir göttliche Güte erlernen und leben können.

Schmerz und Leiden

(Schmerz kann so groß sein, dass ein Mensch daran sterben kann.)

SCHMERZ: Warnung, Weckruf, gesteigertes Seins-Gefühl, Tamas, Bewusstseinserweiterung.
Die Leiden sollen die Sehnsucht nach einem Leben auf höheren Ebenen wecken.
Geburtswehen, aus der Materie heraus wollen.
Auftakt zur Neugeburt.
Herz, das Zentrum seelischen Leidens.
Störung der Harmonie im sterblichen Ich.

Der Mensch, das Ebenbild Gottes:
Vergleich mit dem Radiosender; dieser ist Gott. Der Mensch lässt die Schwingungen durch, aber er gibt seine eigenen Vibrationen hinzu.
Ein gutes Radio ist klar. Je weniger individuelle Schwingungen der Mensch gibt, desto besser.

Der Mensch, der sich mit seinem Körper identifiziert, wird nicht fähig sein, die göttlichen Kräfte zu offenbaren.

Alle Weisen und Heiligen sind individuell verschieden, aber sie erkannten dieselbe Wahrheit – der GEIST ist derselbe, die Offenbarungen sind verschieden.

HARMONIE: Da sind göttliche und individuelle Schwingen parallel.

DISHARMONIE: Individuelle Vibration, abweichend.

GNADENZUSTAND: Kinder sind noch in der göttlichen Schwingung.

Je weiter der Mensch von Gott entfernt ist, desto leerer und einsamer ist er.

Das höhere Selbst ist das Leben.

SCHMERZ: Ein gesteigertes Seins-Gefühl, dem die Widerstandskraft unseres Nervensystems nicht gewachsen ist.
Wenn man den Schmerz ertragen kann, ist es ein Glücksgefühl.

Wenn wir nach einer Krankheit wieder gesund werden, ist unsere Widerstandskraft gestärkt.

Das LEIDEN zieht uns immer höher, nur das LEIDEN.

Planetenkräfte I

APOKALYPSE

1. Vision des Johannes
Sieben Kräfte, die aus einem geistigen Zentrum strahlen.
Dürer war ein Eingeweihter.
7 Planeten, Kräfte, die im Sonnensystem wirken.

SONNENKRAFT

Logos = das schöpferische Prinzip / Christus
„DAS WORT war Gott, und alles, was geschaffen wurde, wurde durch das Wort geschaffen.“ (Joh. 1.1)

⊙

WORT = Logos
Geistige Sonne, göttliche Kraft.
Die Widerstandskraft des Geistes (unbedingt notwendig für die Offenbarung desselben) ist LUZIFER/Satan/Materie.
Die Sonnen-Kraft ist strahlend, gebend.
Beim Zerlegen des Sonnenstrahls = 7 Farben, beim Zerlegen der geistigen Sonne = 7 Strahlen.

SATURNKRAFT

♄

Kühlt ab, zieht zusammen.
Saturn-Kraft verursacht, dass Materie überhaupt geboren wird.
Saturn: Geist der Materie
Vater der Zeit – er frisst seine eigenen Kinder (die verschiedenen Zeitalter sind die Kinder der Zeit).

MERKUR ☿	Vermittler zwischen Sonnen-Kraft und Saturn-Kraft. Merkur: Bote zwischen den Göttern und Menschen.
MOND ☽	Empfangende Kräfte, Raum, weiblich, in Indien die heilige Mutter. Im Christlichen: Die heilige Jungfrau, sie, die auf dem Mond stehend dargestellt wird. Weisheit, nehmend und gebend.
JUPITER ♃	Ähnliche Kräfte wie die Sonnen-Kräfte, gebend, Liebe ausstrahlend. Weisheit mit Liebe verbunden, die Weisheit, die regiert.
MARS ♂	Zeugende Kräfte, das LEBEN selbst, sie sind da. Sie geben Lebensstrom, vegetative Kräfte.
VENUS ♀	Königin der Astralwelt, aller Gefühle, auch der Liebe.

Alle sieben Kräfte sind in allem, was ist. Jeder Planet enthält alle sieben Kräfte, ist aber charakterisiert durch seine besonderen Kräfte, die er ausstrahlt. Jeder Planet widerspiegelt nur die eine, seine typische Kraft.

			Oktav:	
☉	Adi – Tattva	Sonne		
☽	Anupadaka	Mond		
♃	Akasha	Jupiter		
☿	Vaju	Merkur	Uranus	⛢
♀	Tejas	Venus	Neptun	♆
♂	Apas	Mars	Pluto	Y
♄	Prithvi	Saturn		

* „Durch Tattva entsteht alles, in Tattva lebt alles."
„Es gibt 7 Tattvas. Adi und das Anupadaka-Tattva sind Ursprungs-Tattvas. Zuerst Adi, daraus Anupadaka. Aus dem Akasha-Tattva entstehen die übrigen Tattvas = drei höhere und vier niedere Tattvas.
Die vier niederen Tattvas =Vayu (Luft), Teja (Feuer), Apas (Wasser), Prithvi (Erde).

Diese Kräfte schaffen uns Menschen. Wir sind aus diesen sieben Kräften zusammengeflochten. Ein vollkommener Mensch offenbart alle Kräfte – jedoch nicht gleichzeitig. Während wir die eine Kraft offenbaren, halten wir die anderen latent.

SONNE ☉

Strahlt auf die Gerechten und die Ungerechten.
Sie ist eine vollkommen gebende Kraft.
Der Mensch enthält in sich das Gesetz des Geistes und das Gesetz der Materie (alle Kräfte sind immer zweiseitig, also heiß und kalt).
Wenn der Mensch auf der geistigen Ebene steht, offenbart er die Kräfte zum Segen, wo nicht, zum Fluch.
Ein hochstehender Mensch strahlt positive Kräfte aus (Liebe, Sonnen-Kräfte) – er glaubt an sich und an das, was er tut, und es gelingt ihm auch.
Der Sonnen-Mensch ist auch auf der materiellen Ebene gebend, er beherrscht das Geld.

Das Geld kommt zu solchen Menschen mit magischer Kraft.
Dieser vergisst sich selbst vollkommen, liebt alle Menschen ohne Unterschied (ob arm oder reich, dumm oder gescheit).
Der materielle Mensch beherrscht die Materie nicht, er ist habsüchtig.
Sonnen-Menschen auf der materiellen Ebene wollen sich jedem geben, sie schenken sich selbst – untreu in der Liebe, die nur auf einen Menschen bezogen ist.
Ein Sonnenkind mit schlechten Aspekten ist verschwenderisch.

MOND ☽

Ist die absolut empfangende Kraft, negativ,
gut, wenn fortwährend erfüllt von den empfangenden positiven Kräften.
Die vollkommene Frau und Mutter.
Kali (in Indien) die heilige Mutter.
Im Christlichen ist es die heilige Jungfrau.
Wo Mond-Kräfte arbeiten, wird alles rundlich und dick.

JUPITER ♃

Diese Menschen genießen gerne gutes Essen, sie sind gutmütig, wie eine Mutter.
Beispiel: Dicke Mönche, Geistliche,
väterlich / mütterlich, nicht in so hohem Maße wie Sonnen-Menschen, aber doch sehr gut.
Jupiter-Menschen haben eine gute Urteilskraft.

MERKUR
☿

Verstandesmenschen, sie lernen leicht, entwickeltes Gehirn.
Herr der Wörter, äußere Form der Weisheit, Wissenschaftler, Vermittler, aber nicht eigene Erkenntnis/Weisheit, die eigene Urteilskraft fehlt ihnen.
Sprachtalent und Beweglichkeit (diese beiden hängen zusammen).
Merkur-Kraft ist eine fortwährend sich bewegende Kraft, Vermittler.
Im Geschäftsleben sind Merkur-Menschen: Agenten, Vermittler.
Ein hochstehender Merkur-Mensch: Gute Redner, Journalisten, Reporter, großartige Advokaten.
Schlechte Merkur-Kräfte: Schwatzhaft, indiskret, Lügner, diebisch (stiehlt und verkauft).
Es gibt aber keine schlechten Kräfte – nur schlecht angewandte Kräfte. In sich sind alle Kräfte gut, denn sie stammen aus Gott.

VENUS
♀

Die Göttin der Schönheit (Die Schönheit an sich)Venus-Kraft ist typisch WEIBLICH, Wärme.
Die Frauen offenbaren sie am besten, bei Männern ist Venus-Kraft selten harmonisch, ausgenommen wenn nur geistig offenbart (Ästheten).
VENUS herrscht im Mai: Die Braut, die sich schön anzieht und ihrem Bräutigam gefallen will.
Farben, Blumen, Schönheit überall.
Königin der Fantasie.
Exhibitioneller Instinkt: Sich zeigen, gefallen wollen (auch verstecken und zeigen), ästhetisch, schön sein wollen.
Gewisse Künstler offenbaren auch die Venus-Kraft: Diejenigen, die der Menschheit das Schöne, das Feine schenken: Über Tanz, Musik, Malerei, Bildhauerei.
MOND-KRÄFTE sind ähnlich wie Venus-Kräfte, aber kühler, mütterlicher.

MARS ♂

Jeder Anfang benötigt Mars-Kraft – etwas will beginnen.
Mars-Kraft ist die Zeuger-Kraft allen Lebens, durchdringende zeugende Kraft (ob nun materiell oder geistig).
Mars ist ausgesprochen männlich.
Frauen sind nur harmonisch, wenn die Mars-Kräfte sich nicht körperlich, sondern einzig geistig offenbaren.
Römische Mythologie:
Mars = GOTT des FEUERS (Vulkan), der Blitze schmiedet.
Vergleich: Unser Körper = Erde
Mars versucht, in uns das Feuer zu entfachen.
Mars-Kräfte wollen erobern; Machttrieb, es sind dieselben Kräfte wie die zeugenden Kräfte (Venus wünscht, dass sie erobert wird).
Mars ist auch Verursacher des Krieges. Krieg und Zeugungskraft, das ist nur scheinbar ein Widerspruch.
Krieg: Machttrieb, Eroberung, ein Land untertan machen.
Hochzeit: Neue Blutmischung.
Es entstehen neue Länder, neue Formen, ein neues Zeitalter – das Leben geht weiter, es bewegt sich fortwährend.
Diese Mars-Kräfte bringen immer neues Leben.

SATURN ♄

Vater der Widerstandskraft, der Materie, der Zeit.
Wirkt zusammenziehend, das Gesetz der Materie.
In Ländern, wo die Saturn-Kräfte stark herrschen, arbeiten die Leute gerne mit der Zeit, sie machen Werkzeuge, welche uns helfen, die Zeit zu erkennen, z.B. die Schweizer Uhrenindustrie.
Berge, Felsen – Saturn-Kräfte.
Harmonische Offenbarung der Saturn-Kräfte sind:
Zuverlässig, ausharrend, väterlich, sparsam, auch selbstlos im Dienst der anderen.

Disharmonische Offenbarung:
Geizig, selbstisch.
Saturn: Winter, zusammenziehend, abkühlend, Kristallisation.
Geistige Offenbarung: Konzentration
Nach der vollkommenen Kristallisation fängt der umgekehrte Prozess an: die Ausstrahlung.

Urankraft, ein neues Element.

URANUS ⛢ Oktavkraft von Merkur

Merkur = Verstand, arbeitet von außen nach innen, schrittweise, Logik
Uranus = Intuition, blitzartige Erleuchtung

Die sieben Kräfte können sich in der Materie harmonisch auswirken, die OKTAV-KRÄFTE dagegen können sich *nur geistig* harmonisch offenbaren.

Uranus-Kräfte kennen keine Schranken. Die Materie schleudert ihre Bestandteile von sich = Explosion, Bombe, also disharmonisch, satanisch.

Geistige Offenbarung der Uranus-Kräfte:
Beseitigen alter Gesetze, Revolutionäre, Anfang einer neuen Entwicklung.
Wenn die Ideen göttlich sind: Aufbauend, wenn auch scheinbar zerstörend.
Die Dinge nicht aus der Nähe besehen, sondern aus der Distanz. Jede Geburt geschieht unter Schmerzen.
Wenn etwas Neues schnell kommt, ist es mit Veränderungen, auch mit Leid verbunden.

Uranus-Kräfte arbeiten heute sehr kräftig: Aggressive Menschen, Wutanfälle, explosiv, a-logisch.

NEPTUN

♆

König des Meeres. Neptun ist Oktav von Venus.

Venus-Kräfte arbeiten mit der Materie und in der Luft (Tanz).

Neptun arbeitet mit dem Wasser, eine mystische Kraft, unendliche Tiefe des Ozeans.

Ein Mensch, der Neptun-Kräfte offenbart, lebt auf der mystischen Seite des Lebens, er lebt nach innen.

(Tiefe der Menschenseele, Vergleich mit der Tiefe und Weite des Ozeans).

Wir können unser Unterbewusstsein langsam, schrittweise entdecken, die Seele ist unendlich tief.

Neptun-Mensch = Gegensatz zu Merkur-Mensch, der alles von außen her anfasst.

Neptun-Mensch: Scheinbar unbeteiligt, ein Träumer, wird von den anderen nicht verstanden. Aber er trägt alles tief in sich, er identifiziert sich mit dem, was er sieht und erlebt.

Schwierigkeiten im praktischen Leben.

Er ist immer musikalisch.

(Siehe oberer Teil des Symbols des Neptun-Zeichens = Dreizack – Dreiklang).

PLUTO

E. Haich stellt das Symbol des Pluto so dar, eine trennende Kraft.

Oktav von Mars.

Pluto offenbart sich harmonisch *nur* durch den *Geist.*

Starke hypnotische Kraft (z.B. Tierbändiger).

Es sind einsame Menschen, nicht beliebt, Mephisto-Kräfte. Ein Pluto-Mensch ist Magier, Weiße oder Schwarze Magie.

Diese Menschen werden nicht verstanden, sie verkehren nicht gerne mit anderen Menschen, sie durchdringen und beeinflussen alle Menschen, daher bleiben sie ohne Gefährten.

Pluto-Kräfte bringen uns an einen Scheideweg (wir können wählen zwischen links und rechts.)

Das letzte Gericht.

Planetenkräfte II

Die besonderen Merkmale der sieben Kräfte sind folgende:

1. SONNEN-KRAFT: Typisch männlich, strahlend, gebend, Gesichter mit viel Fläche, Augen sehr offen, feurig, starke Augenbrauen.
Nase ziemlich groß, schön gebaut, Mund ziemlich groß.
Stirn hoch, dulden keine Haare auf der Stirn, Haar schön, groß gelockt.
Kinn ziemlich stark.

Diese Menschen treffen wir stets in führender Stellung.
Lebenspendende Kraft. Nicht treu in der Liebe.
Diese Typen sind Führer, dulden keine Erziehung, sie diktieren selbst, sind immer voran, machen große Karriere:
Generaldirektor – Arzt – Chemiker – gute Köche.

Sonnenfrauen: Kranken- und Kinderpflegerinnen, nicht sehr harmonisch, männlicher Einschlag, sie lieben ein freies Leben, gutherzig, freigiebig.

2. MOND-KRAFT: (Frau, typisch weiblich)
Große, runde Flächen, aufgeblasen (Melonen, Gurken, Kürbisse: Auswirkung der Mondkräfte im Juni/Juli)
Gesicht: Feine, differenzierte Linien, aber ziemlich großes rundes Kinn, mit Vorliebe Mittelscheitel.

	Die Mond-Frau fühlt sich wohl, wenn sie sich so kämmt und kleidet, dass sie rund aussieht (Kreise).
Beschäftigung:	Mutter, die Mond-Frau heiratet gerne, ist häuslich und glücklich in der Ehe, sesshaft, arbeitet gerne mit Wasser.

Reine Mond–Menschen sind feinfühlend, aber in der Regel nicht besonders gescheit.

Mond–Geborene sind auch gute Krankenpfleger/innen, sind aber anders als Sonnen-Geborene, die Kraft und Aufmunterung geben, aber diktatorisch sind, keine Gegenrede dulden. Sie sind sanft und mütterlich, die Kranken haben eher Vertrauen in sie, sie waschen und kämmen die Kranken gerne, pflegen sie gut.

3. MERKUR-KRAFT:	Verstandeskräfte:
	Großer Schädel, kleines Untergesicht, keine Genießer, sie wollen viel denken.
	Schwache Augen, kleine Augen, 90 % tragen Brillen.
	Große, gute Ohren – Neugier, Interesse, sie wollen alles hören und sehen.
Beschäftigung:	Redner, Reporter, Advokaten, Richter, Übermittler.

Nase spitz (Schnüffelnase), Mund klein, wenig Haare, sind sachlich. Schmückt sich nicht, dünner Hals, Körper nicht kräftig, schwache Muskeln. Kinn schwach, klein.

Gute Mischung: Merkur- und Venus-Kräfte!

4. MARS-KRAFT:	Umgekehrt wie bei Merkur: Untergesicht ist betont! Stirn niedrig, klein, kleine Augen, starke Augenbrauen, Mund groß, unschön, Kinn stark, brutal, Muskeln und Knochen sehr stark, Boxerhals, oft *Cheveux a la brosse* (Bürstenhaarschnitt).
Reine Mars-Kraft:	Verbrechertyp
Beschäftigung:	Metzger, Berufe in Verbindung mit Eisen und Feuer, Eisen und Blut. Schmiede, Messerschleifer Chirurg, teilweise auch Mars-Kräfte.
Mars – Frauen:	Sehr männlich, derb bis roh, wirken disharmonisch.

5. JUPITER-KRAFT:	Wirken auf Frau und Mann harmonisch. Leute sind in der Jugend kräftig, elastisch und schlank, auch Männer von feiner Gestalt (Apollo, Hermes). Jupiter-Männer sind oft androgyn (zweigeschlechtlich).
	Gesicht: Edel gebaut, adlig, gütiges Lächeln, Benehmen artig und schön, selbstlos. Negativ: Hinterlistig Weich im Körper, weich im Herzen, mit zunehmendem Alter werden sie dick. Nase schön geformt, Haare schön, Augenbrauen: Schöner Bogen, seitlich nach unten.

Jupiter-Menschen werden Priester (Öfters katholisch. Protestantische Geistliche häufig mit Merkur).

Jupiter-Menschen, die in reformierter Familie geboren werden, treten oft zum Katholizismus über.
Jupiter-Menschen genießen gerne, brauchen ihre Sinne. Sie suchen die Wahrheit und die Gerechtigkeit (väterliche Priester und Mönche).

Wo der Jupiter schlecht aspektiert ist: Scheinheiligkeit.

6. SATURN-KRAFT: Zusammenziehend, daher Gesicht schmal
Augenbrauen nach oben (Mephisto)
Augendistanz eng
Nase lang, schmal, krumm
Mund gepresst, Unterlippe vorstehend
Körperbau kräftig, aber nicht muskulös-plastisch, sondern eher sehnig.

Saturn-Menschen sind ausharrend, fest wie ein Fels (Höhlenforscher).
Saturn-Menschen, sie kommen zum Ziel.
Saturn-Menschen ergänzen sich gut mit Jupiter-Menschen.
Saturn-Menschen fühlen sich nicht glücklich auf der Welt.

Im Gegensatz zum Jupiter-Menschen, bei diesem besteht die Gefahr, dass dieser sich so wohl fühlt, da er das Leben genießt, dass er dann nicht mehr vorwärts geht.

7. VENUS-KRAFT: (weibliche Kraft)
Die Venus-Frau schmückt sich gern.
Lange Augenwimpern, volle seidene Augenbrauen.
Schöne Augen, oft blau.
Sie liebt Farben und Blumen.
Nase fein: Mund fein, immer klein (Kirschlippen)
Haare: Dicht, schön, lockig, trägt gerne

Locken in der Stirn, duldet die Haare nicht nach hinten gekämmt.
Sie liebt Schmuck, Perlen etc.

Empfindlich auf Kälte, hat kein Feuer in sich, wie Mars- oder Sonnengeborene Menschen.

Körperlich nicht kräftig, sie lieben Bequemlichkeit.
Venus-Frauen und Mars-Männer ergänzen sich gut. Die eine Seite gibt Kraft und Wärme, der andere Teil Zärtlichkeit.

Venus-Menschen beschäftigen sich mit Blumen und Gärten, mit Schmuck, Parfümerie, Handarbeiten, Süßigkeiten. Zuckerbäcker.

Hochstehende Venus-Künstler: Zarte Schönheit, weibliche
Mars-Künstler: Große Formen, durchdringende Kraft.
Konstruktion/ Statik (Brückenbau)
Widerstandskraft.

Wandtafelzeichnung von Elisabeth Haich

Wie sich die Oktav-Kräfte spiegeln

Die Oktav-Kräfte sind so stark, dass sie im Körper fast immer disharmonisch wirken.

URANUS-KRAFT: Oktav-Kraft von Merkur
Eine Kraft, die keine Grenzen duldet, ausstrahlend, aber so heftig, dass eine Explosion entsteht – aggressive Strahlung.
GEISTIG ist es eine wunderbare Kraft.
(Ein Radiosender, der fortlaufend aussendet).

- Der Uranus-Mensch bringt Freiheitsideen, Freiheitskriege, ist ein ausgesprochener Revolutionär.
- Ein Mensch, der Uranus-Kraft äußert, muss *geistig* sein, sonst ist er disharmonisch und unangenehm.
- Gut aspektierte Uranus-Menschen: Sie sehen die Zukunft, sind visionär, sie stehen über der Zeit.
- Sie sind intuitiv (denken nicht mit dem Gehirn).
- Stirn = hoch, Gesicht = normal
- Haare zerzaust (sie lassen sich nicht ordentlich kämmen).
- Nase = lang, Mund, Kinn unbedeutend, aber schön geformt.
- Augen = strahlend, wirken smaragdgrün (wenn auch aus der Nähe besehen eine andere Farbe).
- Blick = offen, ähnlich wie Sonnenmenschen (manchmal starr, Blick in die Weite).
- Augenbrauen kreisförmig.

Beschäftigung: Im Zusammenhang mit Wellen, Elektrizität, Fachleute für Elektrik, Regisseure, ganz gute Fotografen, Flieger (LUFT wichtig für Uranus-Menschen).
Erfinder = Edison
Es sind interessante, unterhaltende Menschen.

Der Clown Grock[15] war auch ein Uranus-Mensch – sehr unpersönlich, ein Clown, weil er am liebsten unsichtbar sein möchte, darum wählte er eine Beschäftigung, bei der er eine Maske tragen konnte. Grock war deshalb so ein überragender Clown, weil er so vollkommen menschlich war – ein Christus-Mensch, der das größte Verständnis ausstrahlte.

Auch Equilibristen sind Uranus-Menschen: Sie machen Dummheiten, sind drollig, zeigen ihre eigene Persönlichkeit nicht.

NEPTUN-KRAFT: Oktav-Kraft von Venus
Alles noch verfeinerter als die Venus-Kraft, ausgesprochen mystische Kraft.
Kraft des Unterbewussten.
Neptun-Menschen sind tief und für die anderen Menschen oft unverständlich.
Sie lachen oder weinen sehr selten, aber wenn schon einmal, dann derart elementar, fast ein Nervenschock.

MARS kann sich auf allen sieben Ebenen offenbaren, tut es aber hauptsächlich auf der zweiten Ebene.

Aus unseren Händen strahlen schöpferische Kräfte. Glauben wir an die Kräfte in uns: Jedes Wort hat schöpferische Kraft – daher nicht leichtsinnig sprechen.

Lernen wir, unsere Mitmenschen zu verstehen, indem uns bewusst wird, welche Kräfte sie in der Hauptsache offenbaren.

15 Grock, 1880-1959, eigentlich Adrien Wettlach, geboren in der Schweiz. Zuerst war er Uhrmacher, später wurde er ein berühmter Musikclown und trat in der ganzen Welt auf. Er war Mitglied einer Freimaurerloge, der *Grandeloge de France*. Während der Jugendjahre von Elisabeth Haich trat er immer wieder in Budapest auf. Er sprach auch Ungarisch. Es bestand auch später Kontakt zu Grock.

MARS-Menschen wollen Zärtlichkeiten, wollen erobern, dann offenbaren sie Venus-Kräfte, und wir verstehen einander gut.

Die sieben Kräfte offenbaren sich auf diese Weise auf unserer Erde.

Könnten wir den Standpunkt ändern, wäre es anders.

Die vier Gesichter Gottes

Im Garten Eden[16]: 4 Flüsse, die in die 4 Weltrichtungen fließen.

Die Völker des OSTEN haben die 4 Gesichter, die Darstellung (die 4 Offenbarungen des EINEN Gottes).

Wir werden überall diesen 4 Offenbarungen begegnen.
(Süd-Nord-Ost-West. Jedes Haus hat 4 Seiten etc.)

Jede der 4 Offenbarungen hat 3 Aspekte (4 x 3 = 12)

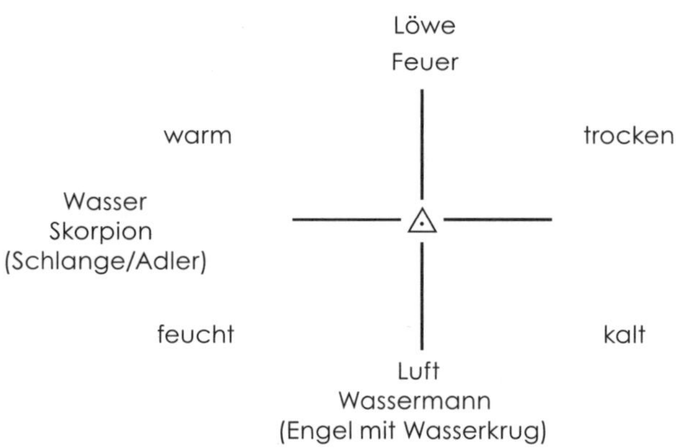

△ : Gott ist ungeoffenbart in der Mitte

Nicht die *Luft*, die wir atmen, sondern etwas Gasartiges.
Nicht das *Wasser*, H_2O, sondern einfach Flüssigkeit, etwas Flüssigeres.
Nicht *Erde*, wie unsere irdische Erde, sondern etwas ganz Hartes.
Nicht *Feuer*, wie eine Flamme, sondern eine Geistige Kraft, warm und trocken.

16 Siehe im 1. Buch Moses 2.9-10, 4 Gesichter Gottes, 4 Ströme, 4 Tiere und bei Hesekiel 1.4 - 28

Wo Gott sich offenbart, ist immer Feuer (= geistige Kraft).
Je näher ein Mensch zu Gott kommt, je mehr erlebt er Licht- und Feuer-Erscheinungen.

Wo eine Kraft sich offenbart, muss sich auch ihr Gegenteil offenbaren, zum Beispiel:

- Nord: Kalt, negative Kräfte
- Süd: Warm, positive Kräfte

Jedoch, was für uns Süd ist, ist Nord vom Standpunkt des Aussenders.
Jedoch, was für uns links ist, ist rechts vom Standpunkt des Aussenders.

Jedoch, was für uns unten ist, ist oben für andere.

• • •

SKORPION: Ursprünglich war es eine Schlange
(Der Stab Moses war eine Schlange)

a. Wenn wir den GEIST fahren lassen, sind wir SCHLANGE, eine Schlange, die am Boden kriecht.
   ADLER: Wenn sich die Schlange aufrichtet, hat sie einen ähnlichen Kopf wie ein Adler.
b. Wenn wir unseren GEIST als eine Stütze gebrauchen (Stab Moses), dann ist er eine geistige Waffe in unserer Hand.

Die VIER Evangelisten:	*Markus*	Löwe
	Matthäus	Wassermann
	Johannes	Skorpion (weißer Adler, geistig, symbolisch)
	Lukas	Stier (Fasst die Sachen gründlich an, geht tief in die Erde hinein).

Wir sehen die VIER Kräfte rund um uns. Es muss uns auffallen, dass die Tierkreiszeichen, in denen die SONNE steht, für uns verstärkt wirken. Wenn die Erde in einem anderen Winkel zur Sonne steht, wirken wieder andere Tierkreiszeichen stärker. Diese Strahlungen haben eine Wirkung auf uns.

• • •

1. Aspekt:	**FEUER** **WIDDER** ♈	Hitzig, heftig, unintelligent, läuft sehr rasch, mit dem Kopf nach vorne, beobachtet nichts.
2. Aspekt:	**ERDE** **STIER** ♉	Steht geduldig in der Mitte, spreizt seine vier Beine, er braucht Erde, hat sehr viel Geduld (abgeleitet: „büffeln“). Aber wenn er gereizt wird, dann kann er vulkanartig explodieren, eine Kraft offenbaren, die alles zerstampft.
3. Aspekt:	**LUFT** **ZWILLINGE** ♊	Zwei sich ganz gleichende Kinder – Zwillinge – sind Spiegelbilder voneinander – sie gehören zusammen, aber sie sind es trotzdem nicht. Zwillinge-Zeichen verursacht SPALTUNGEN.

4. Aspekt:	**WASSER** **KREBS** ♋	Er fasst seine Beute mit starker Kraft und geht damit rückwärts in seine Höhle.
5. Aspekt:	**FEUER** **LÖWE** ♌	Der Herr, ein König, er steht gerade, würdig. Es ist unmöglich, den Löwen/König zu entthronen. Löwe = gelb, Offenbarung der Sonnenkräfte im Tierreich.
6. Aspekt:	**ERDE** **JUNGFRAU** ♍	Die Himmelskönigin, die unberührte Frau, aber doch Mutter. Eine fruchtbringende, reine Frau. Dienerin am Leben.
7. Aspekt:	**LUFT** **WAAGE** ♎	Pendelt oft hin und her, aber doch eine Kraft, die das GLEICHGEWICHT bringt. Urteilen: Beide Seiten erwägen. Waage ist eine luftige Offenbarung.
8. Aspekt:	**WASSER** **SKORPION** ♏	Der Skorpion hat den Stachel im Schwanz (nicht vorne, wie z.B. die Schlange). Er kann andere stechen. Wenn er sich selber sticht: Selbsttötung.
9. Aspekt:	**FEUER** **SCHÜTZE** ♐	Einer, der das Ziel sieht und danach zielt, er trifft mitten hinein (Wilhelm Tell).

10. Aspekt:	**ERDE** **STEINBOCK** ♑	Ein Tier, das Felsen braucht (weder WASSER noch ERDE), bewegt sich, als ob er fliegen könnte, beherrscht die harte Materie und hat vollkommene Sicherheit (Gämse), doch beinahe schwebend.
11. Aspekt:	**LUFT** **WASSERMANN** ♒	Wellen, fließend, Geistigkeit, Wasser. Die Wellen gehen immer weiter, geistige Kraft, die nie still steht. Energie – Ausstrahlungen.
12. Aspekt:	**WASSER** **FISCHE** ♓	Die Fische leben im tiefen Wasser. Wenn wir einen Fisch erschrecken wollen, macht er eine Bewegung wie ein Blitz und schwimmt fort. Der Fisch lebt im Ozean, ein grünliches, mystisches Etwas. Wenn wir einen Fisch fangen wollen, schlüpft er uns aus der Hand und ist nicht mehr da. Die zwei Fische im Zeichen drehen sich umeinander. Auslegung der Inder: Sonne- und Mondkräfte, die umeinander kreisen.

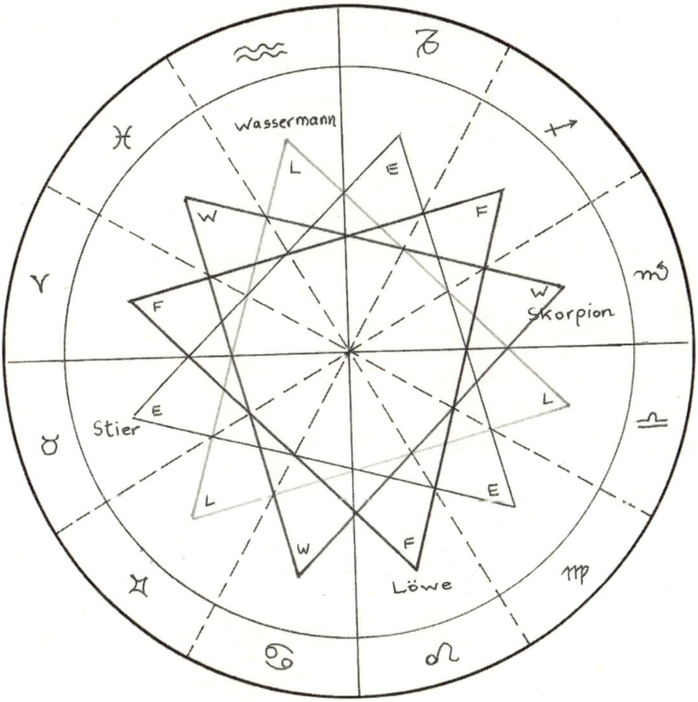

Alle 4 Kräfte offenbaren sich in 3 Aspekten – (4 x 3 = 12)

Löwe	=	Feuer	F
Stier	=	Erde	E
Wassermann (Engel mit Wasserkrug)	=	Luft	L
Skorpion (Adler)	=	Wasser	W

Ergänzungen zu den Oktav-Kräften

♆ **Der NEPTUN-Mensch** leidet unter der Grobheit der Welt, er möchte alles fein haben (auch passierte Speisen). Es sind die geborenen Aristokraten (nicht Adel – sie können auch in eine einfache Familie hineingeboren werden).

Sie sind nie geizig, sondern fein, selbstlos und aufopfernd.

Oft blaue Augen (nicht ganz offen), feine Nase, Haare glatt. Feiner Mund, dünne Lippen, nicht erotisch.

Mozart war ein Neptun-Mensch, Sphärenmusik. Er starb so früh, weil er das irdische Leben nicht ertragen konnte.
Schlecht aspektierte Neptun-Menschen:
Nicht Sesshafte, Giftmischer
Fein, aber rachsüchtig, Boshaftigkeit
Familie Borgia: Reizend, aber gefährlich.

♇ PLUTO – Oktav-Kraft von Mars

Auch diese Kraft wirkt nur auf der geistigen Ebene harmonisch.
Durchdringende, zeugende Kraft.
Im Gegensatz zu Mars durchdringt die Pluto-Kraft den GEIST.

Pluto-Menschen: Die besten Hypnotiseure
Pluto-Menschen: Können erweckend wirken, Mitmenschen geistig aufwecken.
Ein Pluto-Mensch heiratet ein ganzes Land (Diktatoren).

Ein Sonnen-Mensch kommt und will herrschen, der Pluto-Mensch macht sein Land groß, gute Kräfte flammen auf (Perikles).
Bei schlechten Aspekten das Gegenteil: Wirkung mephistophelisch.
Pluto-Menschen haben ein großes Gesicht, aber keinen großen Kopf (Pferdegesicht).

Die primitiven Menschen offenbaren die Oktav-Kräfte nicht.

Es existieren noch andere als die 7 Kräfte (+ 3) Strahlen, aber wir stehen alle so weit weg von diesen Energiewellen, dass wir nicht mitschwingen, somit ohne Einfluss sind.

Bei einem hochentwickelten Menschen sind die Oktav-Kräfte aspektiert, bei einem primitiven Menschen nicht. Es ist äußerst selten, dass ein Mensch nur ausgesprochen eine Kraft offenbart.

Die Kräfte wechseln ab im Laufe eines:

	TAGES	JAHRES	LEBENS
Mars-Kräfte	morgens	Frühling	Jugend
Sonnen-Kräfte	mittags	Sommer/ Herbst	Lebensmitte
Saturn-Kräfte	abends	Winter	Lebensabend

Welche Sinne werden durch die verschiedenen Kräfte beherrscht?

MARS	Offenbart sich durch die Augen (gute Mars-Kräfte bei Matrosen mit Adlerblick).
MERKUR	Die Nase steht unter der Merkur-Kraft (der Mensch, der überall herumriecht, schnüffelt).
VENUS	Geschmack
SATURN	Ohren, Gehör. Wenn jemand schwerhörig ist: schlecht aspektierte Saturn-Kraft. Da das Alter unter der Saturn-Kraft steht, werden ältere Leute oft schwerhörig. Wenn wir unsere Elastizität bewahren, werden wir dieser Auswirkung der Saturn-Kraft ausweichen können.
JUPITER	Tastsinn
SONNE	Herz-Sinn, Herzgefühl
MOND	Sinnlichkeit, Feingefühl, sich gut einschwingen können.

Körperlich:

MARS	Im Geschlechtsorgan des Mannes, Galle (ein Produkt der Leber). Im Frauenkörper disharmonisch.
JUPITER	Leber, Blut

MERKUR	Gehirn, Bewegung
SONNE	Herz
MOND	Blase, Schwangerschaft
SATURN	Knochensystem
VENUS	Gebärmutter Wo Venus herrscht, muss sich die Mars-Kraft zurückziehen und umkehren.
URANUS	Gehirn (Irrsinn, bei schlecht aspektierter Uranus-Kraft)
NEPTUN	Nervensystem (Neptun-Menschen haben sehr entwickelte Nerven, sehr viele Nervenendungen.)
PLUTO	…

Alle diese Kräfte sind Energien.
Diese Energien können sich auf allen sieben Ebenen offenbaren.
Diese Energien können sich auch geistig (Kurzwellen) offenbaren.

Wenn die Kräfte sich *materialisieren*, ergibt sich:

SONNE	Gold, es bleibt immer glänzend, kein Zufall, dass alle Menschen vom Gold bezaubert sind.
MOND	Silber, ebenso schön wie die Sonne, aber nicht so kräftig wie Gold.
MERKUR	Quecksilber (Gandhi war ein echter Merkur-Mensch, aber im Alter günstiger saturnischer Einfluss).
MARS	Eisen
VENUS	Rotkupfer, wirkt wohltuend, wird nicht rostig, hat Heilwirkung bei durch Eisen verursachten Wunden.
JUPITER	Zinn
SATURN	Blei (isoliert gegen Strahlen, wie Radium, Röntgen).

Die Zwiebel ist eine echte Mars-Pflanze (rostige Farbe).

Die Tierkreiszeichen

Jede Einheit, sei es Tag, Woche, Monat, Jahr – alle laufen durch die zwölf Tierkreiszeichen, so wie sich ein Rad dreht.

Unser Leben ist nicht zufällig. Diese Macht, die wir Gott nennen, gibt uns vor, was wir zu lernen, was wir zu tun haben.

Unsere Erde dreht sich um ihre Achse, diese ist aber nicht im genauen Winkel, sondern sie steht etwas schief, dadurch sind die Strahlungen nicht immer dieselben.

Die Erde braucht ca. 25.000 Jahre, bis ihre Achse einmal um diesen Kreis herum geht. Die Inder nennen es ein Weltenjahr / Weltenzyklus. Ein Weltenmonat dauert etwa 2060 Jahre, das heißt, die verlängerte Linie ERDE – SONNE – KOSMOS wechselt alle 2060 Jahre von einem bestimmten Tierkreis zum nächsten.

Das jeweilige Tierkreiszeichen ist der beherrschende Teil der Strahlungen, welche die Erde beeinflussen.

Zwillingszeichen Die Zeit der Pharaonen. Es waren Herrscherpaare oder Bruder und Schwester, die regierten.
Also immer zwei (es gab auch Geschwisterehen).

Stier Griechen/ APIS[17], der heilige Stier.
Opponent zu Stier: SKORPION.
Das gegenüberliegende Tierkreiszeichen ergänzt jeweils das herrschende Tierkreiszeichen.
Zusammen ergeben sie eine Einheit.

17 Apis war der griechische Name des heiligen Stieres von Memphis, der als Verkörperung des Gottes Ptah verehrt wurde. In der griechischen Mythologie gibt es Apis als Sohn des Apollon.

Widder

Moses: Widder – Lamm[18] (Opferlamm) Symbol Waage.
Zehn Gebote, Gesetzestafeln. (Moses war ein Eingeweihter – von Ägyptern eingeweiht.)
Zu Beginn jedes neuen Zeitalters kommen bedeutende Männer, die den Weg in die neue Zeit hineinweisen.
Moses hatte die Einsicht, dass das alte Zeitalter zu Ende war. Er hat die neuen Ideen gebracht. Er hat das Volk aus der ägyptischen Finsternis herausgebracht. Am Ende jeden Zeitalters herrscht Chaos. Die zehn Plagen zur Zeit Moses. Die zehn Plagen in der heutigen Zeit.

Die kleine, kurze Schlange vorn am Kopf der Pharaonen ist das Symbol der Allwissenheit.[19]

Als die Juden die Gesetze von Moses nicht akzeptieren wollten, stellten sie das GOLDENE KALB auf. (Vorher war der STIER das Zeichen gewesen, das Kalb ist die symbolische Abschwächung.) In seiner Wut (Widder) hat Moses die Tafeln zerbrochen und das goldene Kalb verbrannt – es blieb keine Asche zurück (das ist symbolisch aufzufassen). Die Leute, die um das goldene Kalb herumtanzten, wurden krank. Die Leute, welche die neuen Ideen nicht aufnahmen, wurden also seelisch krank.

Später stellte Moses zwei Balken so auf, dass sie ein TAU bildeten, um das sich eine eiserne Schlange vertikal herumrankte.

18 Im Hebräischen heißt Widder „talé“, was Lamm bedeutet. Das Tierkreiszeichen Widder fällt auf den ersten Monat des jüdischen Jahres, laut bibl. Tradition. Nissan – der Monat, in dem laut einer der Überlieferungen die Welt erschaffen wurde. Das Zeichen Widder ist den Legenden nach mit der Geschichte der Opferung Isaaks verbunden.

19 Pharao Ramses, Kobra an der Stirn und Amon-Hörner, die Widderhörner auf der Seite, XX. Dynastie.

Das ist das Symbol für allerhöchste Weisheit.
Die Kranken, die auf die aufgerichtete Schlange sahen, wurden gesund![20]

Fische

Nach weiteren 2060 Jahren kam für die Menschen wiederum ein neues Zeitalter.
CHRISTUS: Tierkreiszeichen der FISCHE, Opponent (das gegenüberliegende) ist das Zeichen der JUNGFRAU (Ähre mit fünf Weizensamen).
Christus war der Sohn eines Zimmermanns, aber er hat als seine Jünger Fischersleute gesucht. Er sagte zu ihnen: „Ich werde euch zu Menschenfischern machen."
Christus war der Überbringer der Ideen des Fische-Zeitalters.

Weitere Symbole:
Die Speisung der 5000, Fische und Brot.
Es blieben zwölf Körbe voller Brocken (Bedeutet, es werden noch zwölf Zeitalter vergehen, bis die Menschen alles gelernt haben werden.)

Der Fischerring des Papstes.

• • •

20 „Da sandte der HERR feurige Schlangen unter das Volk; die bissen das Volk, dass viele aus Israel starben. Da kamen sie zu Mose und sprachen: Wir haben gesündigt, dass wir wider den Herrn und wider dich geredet haben. Bitte den Herrn, dass er die Schlangen von uns nehme. Und Mose bat für das Volk. Da sprach der Herr zu Mose: Mache dir eine eherne Schlange und richte sie an einer Stange hoch auf. Wer gebissen ist und sieht sie an, der soll leben. Da machte Mose eine eherne Schlange und richtete sie hoch auf. Und wenn jemanden eine Schlange biss, so sah er die eherne Schlange an und blieb leben." (Num 21, 6 - 9) „Und wie Mose die Schlange in der Wüste erhöht hat, so muss der Menschensohn erhöht werden, damit jeder, der (an ihn) glaubt, in ihm das ewige Leben hat." (Joh, 3, 14-15)

Hier kurz eine Erwähnung zu der Symbolik des Quadrats und des Dreiecks.

□ = sterblich

△ = unsterblich

 = vollkommen (Christus)

Jungfrau Die Weltenmutter, unberührt, die dem SOHN das Leben gibt.
Die christliche Religion ist voll von Wahrheiten im Zusammenhang mit den zwölf Tierkreiszeichen. Die Reformation hat das alles weggewischt, sie hat es nicht erkannt. Der Verstand lehnte es ab. Tieferes Wissen erkennt es aber.

Jedes Zeitalter hat entsprechend dem Tierkreiszeichen eine Aufgabe zu lösen.

FISCHE: Wasser: Im vergangenen Fische-Zeitalter mussten die Menschen das Element Wasser mit dem Wasser besiegen: Dampfmaschine, Schiffsbau, mit Dampfschiffen den Ozean überwinden.
Heilkunde: Wasser-Anwendungen (Kneipp, Prießnitz)

WASSERMANN: Luft –Wellen
Heute nähern wir uns dem Wassermann-Zeitalter. Wellentheorie, Radiotechnik. Wassermann ist ein luftiges Zeichen.
Die Wellen breiten sich über die ganze Erde aus. Wassermann duldet keine Grenzen – die Auswirkungen gehen ins Unendliche.

LEONARDO DA VINCI – ein Genie des FISCHE–Zeitalters. Er war ein großes Genie; er versuchte auch, Flugzeuge zu konstruieren. Es ist ihm aber nicht gelungen. Warum nicht? Die Zeit war noch nicht da. Die Erde sollte erst die Prüfung des „Wassers“ ablegen. Man kann keine Stufe überspringen.

BLÉRIOT[21]	War ein einfacher Mensch, intelligent, aber kein Genie. Er hat das Geheimnis des Fliegens entdeckt. Die Zeit war reif, dass man die Luft mit Luft besiegt.
JAZZ/MODE	Seit dem 1. Weltkrieg. Rhythmus und Wellen
HEILKUNDE	Früher waren es Wasser-Anwendungen. Jetzt, im Wassermann-Zeitalter, sind es Kurzwellen und andere Therapien mit Wellen.
Die WELTKRIEGE	Waren ein Besen, der das alte Zeitalter hinweggefegt hat.

Wir müssen nachgeben und die neuen Ideen annehmen. Darauf bedacht sein, die neuen Ideen einzuführen und Erschütterungen zu meiden. Die alte Ordnung lässt sich nicht erhalten.

NORDAMERIKA	Wir können oft feststellen, dass die gleichen Ideen an verschiedenen Orten geoffenbart werden.
RUSSLAND	Die Ideen sind nicht gestohlen, sondern da und dort wurden die kosmischen Strahlungen aufgenommen (die Atmosphäre ist schwanger von den jeweiligen Ideen) und verwirklicht.

Die Nordamerikaner haben auch die Ideen, die in der Atmosphäre sind, geoffenbart. Sie sind Uranus-Menschen, ebenso die Russen. Es sind KINDER (Mars-Uranus: Jugend).

21 Louis Charles Blériot, franz. Luftfahrtpionier. Er überquerte am 25.07.1909 als Erster den Ärmelkanal in einem Flugzeug.

Einige Russen offenbaren Wassermann-Kräfte: Das Schrecklichste, das man erleben kann, keine Familiengrenzen. Diese Menschen sind noch unreif, sie werden sich aber noch entwickeln – wir dürfen sie nicht verurteilen.

Jedoch müssen wir uns gegen diese „Kinder" verteidigen, um die „alten Schätze" retten zu können. Die Schätze aus den früheren Zeitaltern: Zwillinge, Stier, Widder, Fische sind uns erhalten geblieben.

Wir müssen einen Übergang finden. Die Amerikaner sind auch Uranus–Menschen, aber sie haben ihre Freiheitskriege hinter sich, sind deshalb reifer.

Russen und Amerikaner stehen sich gegenüber (so wie früher Deutsche und Engländer): Wo Leben sein soll, müssen zwei Pole sein.

Trotz der schrecklichen Tragödien (Kriege) bei der Offenbarung der Kräfte, kommen wir auf der Spirale der Entwicklung allmählich höher.

Deutsche und Engländer bleiben zurück, als die Hüter der Tradition. Auch sie werden die neuen Wahrheiten langsam annehmen.[22]

Die christliche Kirche ist nicht mehr Herrscherin, sie ist nur noch Hüterin.

WASSERMANN -ZEITALTER:	Zeitalter der Nächstenliebe, lieben, geben. Nicht Christus predigen und einander töten.

Unsere persönlichen und familiären Grenzen müssen aufhören, alle Grenzen werden weiter.
Diejenigen Völker werden herrschen, welche die Ideen der eigenen Zeit am kräftigsten offenbaren.

22 Zur Erinnerung: Dies wurde von Elisabeth Haich in einem Vortrag 1949 gesagt.

Die Klassen müssen sich vereinigen – es gibt keine geerbte Vorzugsstellung mehr.

LÖWE = Opponent zu WASSERMANN.

Symbolik

Lernen wir die verschiedenen Linien, die symbolische Sprache zu deuten und in der Natur zu lesen. SYMBOLIK = MAGIE.

Die Formen und die Kräfte, die diese Formen schaffen, hängen zusammen. Ursachen und Wirkungen können wir nicht voneinander trennen.

Wenn wir die Wirkung kennen, werden wir nicht mehr die äußeren Formen sehen, sondern die URSACHEN. Wir müssen dies erleben – nicht nur lernen, denn nur Gelerntes hat keinen Wert. Suchen wir unseren Mittelpunkt, dann werden wir sehen, was ein Punkt ist!

- Der wirkliche Punkt hat keine Dimension, nicht Länge noch Breite noch Tiefe. Den geometrischen Punkt kann man sich vorstellen in der Spitze einer Nadel, dort, wo sich die Spitze mit der Luft trifft.

  Wenn wir einen Punkt symbolisch sehen, so bedeutet es, dass das UNGEOFFENBARTE (= *das* (sächlich) Gott, nicht *der* Gott, weil er noch ungeoffenbart ist). (Positiv und negativ sind noch zusammen, es gibt keine Trennung). Darum können wir nur den sächlichen Artikel gebrauchen.

  Die 7. (göttliche) Ebene – ATMAN.
  Das ist der geoffenbarte Gott, Gott in der Welt.
  Der nicht geoffenbarte Gott ist über dieser Ebene, deshalb nennen wir ihn PARAATMAN: Was über allem steht, sich in einem Urzustand befindet.

— Eine waagerechte Linie bedeutet etwas, das negativ ist – das Negative, Tragende, Empfangende.

| Senkrechte Linie: schöpferische Kraft

+ Wenn die beiden Linien zusammen sind: = Materie/irdische Welt. Die zwei Kräfte, die zusammen die irdische Welt schaffen.

△ Trinität, Gott, heilige Dreifaltigkeit

▽ Satan, Spiegelbild Gottes, Satan existiert in sich nicht. Es gibt nur einen Gott, deshalb kann Satan ohne Gott nicht existieren.

□ Sterblichkeit, Vergänglichkeit, vier Ebenen (aber materiell).
Das Viereck ist schon etwas Geschaffenes, Sterbliches.
Die vier unteren Ebenen sind sterblich (3-Eck + 4-Eck = 7 Ebenen).

○ Kreis: Der unbewusste GEIST, unendlich, aber nicht geoffenbart (= unbewusst).
Stellen wir uns den Raum vor: Der Geist erfüllt den ganzen Raum, aber nicht geoffenbart, also unbewusst.

⊙ Ein Punkt im Kreis: Bewusster Geist, der Geist hat sich erkannt = Sonne. Sonnenkraft erleben heißt: Bewusstes Leben auszustrahlen.

☾ Der Mond strahlt nicht sein eigenes Licht aus,
☽ sondern spiegelt die Lichtkraft der Sonne wider (= negatives Licht). MOND bedeutet: Etwas empfangen und wiedergeben – die mütterliche Kraft (es ist gleich, wie der Mond steht).

⋆☽ Die türkische Flagge: Empfangende Kraft, erfüllt mit göttlicher Kraft (die Erfüllung menschlicher Seele, erfüllt von Gott).

♁ Symbol der ERDE.
Reichsapfel = die Macht in der Hand des Herrschers.
Wer die Erde in der Hand hält, ist mächtig. Eine Welt, in der die MATERIE mächtiger ist als der Geist: SATAN.
Wo die Materie herrscht, ist Satan.

Satan ist der Geist der Materie.
Der Himmel auf Erden ist nicht möglich.
Wo Materie ist, muss die Materie herrschen.
WIR aber sind die LEBENDIGEN GEISTER und müssen über die Materie herrschen.

♀ VENUS
Der Geist herrscht über die Materie.
Sie nimmt ein Stück Materie und macht Geistiges daraus.
VENUS-Kraft macht geistig (Kunstwerke, Blumen).
Irdische Kraft nimmt die Erde an sich.
Mit der VENUS-Kraft kann man alles geistig machen.

☿ MERKUR-Kraft. Anpassungsfähigkeit
Alle drei Offenbarungen: Kreuz – Materie
Halbmond – Empfangen
Kreis – Geist

♂ MARS-Kraft – Unbewusste Kraft offenbart sich durch den Körper = zeugende Kraft.
Eine Kraft bricht durch die Grenze und offenbart sich in einer gewissen Richtung.

♃ JUPITER – Materie mit einem Halbbogen nach oben
Basis-Materie (Kreuz), doch offen für die Göttlichkeit. Sie thront auf der Materie, gibt die göttliche Kraft weiter in die Materie.

♄ SATURN – Dasselbe wie Jupiter, aber umgekehrt.
Linie, statt nach oben nach unten.

Oktav-Kräfte

♅ URANUS-Kraft = Bewusste Kraft offenbart sich nach oben: INTUITION
Der Körper ist nur eine Wirkung.
Wir wollen lernen, die Ursache zu sehen. Die Seele, die den Körper baut, das bedeutet: Hellsichtig zu sein.

♆ NEPTUN–Kraft. Materie unten, Harmonie darüber: Dreiklang
Die Kunst ist vollständig immateriell.
Musik kann man nicht fassen, greifen. Sie stammt trotzdem aus der Materie. Wir brauchen Materie, um sie zu erzeugen.

♇ PLUTO–Kraft trennt, scheidet.
Wirkt beim letzten Gericht: Die Böcke werden von den Schafen getrennt.
Unsere heutige Zeit ist auch eine Zeit der Trennung.

Kombinierte Zeichen

✡ **Hexagramm**
GOTT-MENSCH (Judenstern, Davidstern)
Besteht aus Materie (nach unten weisend), offenbart (nach oben weisend). Auf der Erde wird alles verkehrt gebraucht.

⛤ **Pentagramm**
CHRISTUS-STERN Wo man diesen Stern zeichnet, ist Christus gegenwärtig. Die Weiße Magie verwendet diesen Stern.

Der Lebensstrom kreist immer, auch in uns, in dieser Form. Wenn der Mensch seine Arme ausstreckt, formt er ein Fünfeck. Er ist so gebaut, weil die Lebenskraft in dieser Form kreist. Zeichnen wir diesen Stern in einen Raum, wo gestritten wird, so hat er eine ungeahnte Friedenswirkung.

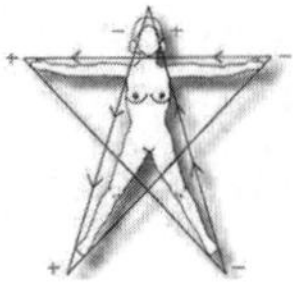

Pentagramm mit Pfeilen
Wie kannst du den Lebensstrom benutzen?
Von oben nach unten = positiv.
Von unten nach oben = negativ.

Wir leben, weil wir den Lebensstrom in uns haben. Bei der Meditation werden alle Nerven bewusst. Die Wellen werden immer kürzer und die Frequenzen höher. Wir finden die Christus-Kraft.

Christus ist die Geschichte des Menschen. Ein jeder Mensch muss Christus am Kreuz erleben und diesen Weg gehen.

Der Tierkreis und seine Entsprechungen

Reihenfolge:	Feuer
	Luft
	Wasser
	Erde

Rassen:	Feuer	Rothäutig	(cholerisch)
	Luft	Weißhäutig	(sanguinisch)
	Wasser	Gelbhäutig	(phlegmatisch)
	Erde	Schwarzhäutig	(melancholisch)

Wir Menschen sind dazu da, dass wir das göttliche Bewusstsein immer erweitern, unseren Horizont verbreitern, immer kräftiger und verständiger werden – bis wir am Ende mit dem Göttlichen identisch sein dürfen.

Tanz der SALOME mit den sieben Schleiern (Tochter des Herodias zur Zeit Christus): Wir werfen einen Schleier (Verhüllungen des Bewusstseins) um den anderen ab, wir werden ICH.

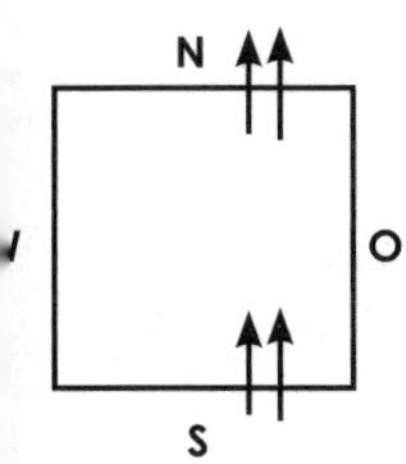

Die Kräfte offenbaren sich immer so:
Nach Norden ziehen sie (in Nordzimmern werden unsere Kräfte ausgesaugt), in Südzimmer erhalten wir Kräfte. (Wohn- und Schlafzimmer sollten immer nach Süden zeigen.)

In einem KIND ist der eigene Geist noch nicht ganz da, das „Instrument“ ist noch nicht fertig. In dem Maße, wie die Kanäle breiter werden, offenbart der heranwachsende Mensch stärkere Kräfte und ändert sich entsprechend.

„Unverdaute“ Erfahrungen sind negativ (Vakuum zieht Kräfte zu sich). „Verdaute“ Erfahrungen sind die positive Seite eines Wesens.

NICHT SÜNDE, SONDERN UNWISSENHEIT.

Entsprechungen der Wochentage

Montag	Tag des Mondes
Dienstag	Tag des Mars
Mittwoch	Tag des Merkur
Donnerstag	Tag des Jupiters
Freitag	Tag der Venus
Samstag	Tag des Saturn
Sonntag	Tag der Sonne

Das ganze Universum lebt nur dadurch, dass eine Kraft-Spannung zwischen negativen und positiven Polen besteht.

Positive und negative Kräfte ziehen sich an.
Diese Kräfte suchen fortwährend das Gleichgewicht (Yin/Yang).
In Gott sind diese Kräfte noch zusammen.

APOKALYPSE: In den Offenbarungen des Johannes liegt die Wahrheit: Offen, nicht symbolisch.

Das LAMM mit den sieben Hörnern – LOGOS – CHRISTUS: Er nimmt das Gesetz der Materie auf sich, die Materie fängt an zu leben.

Zuerst entsteht das 1. Mineralreich.
2. Pflanzenreich
3. Tierreich

Gang der Entwicklung[23]:

GEIST ________________________________ **7**
________________________________ **6**
___________ **5**
_______________ **4**
----------------------------- **3**
------------------------------------- **2**
--- **1**

Unser Körper stammt aus dem UR-ANFANG.

Die Materie vererbt Eigenschaften, die Materie wird immer fähiger und fähiger, den Geist zu offenbaren.

Zuletzt wird das Instrument so kristallklar, dass wir den Körper nicht mehr sehen.

Auf Kinder können sich vorwiegend die guten, eventuell auch die weniger guten Charaktereigenschaften und Talente vererben.

23 Der GEIST durchdringt alle Ebenen der Schöpfung, selbst die unterste Ebene ist geistig.

Die zwölf Tierkreiszeichen

Von unserem Standpunkt aus, von der Erde aus, sehen wir alles umgekehrt.

Wenn Gottes Nordseite feurig ist, so erhalten wir die Strahlung von Süden. Gottes Offenbarung nach Süden kommt uns aus dem Norden und so weiter. Gott offenbart sich nach allen vier Richtungen.

Geistige Menschen sehen alles umgekehrt, weil sie im Zentrum stehen, also die Dinge vom göttlichen Standpunkt aus betrachten.

(Hinweis auf das Buch „Das grüne Gesicht“ von Gustav Meyrink, Ausspruch der Hauptfigur „Eidotter“: „Mit dem Kopf fühlen und mit dem Herzen denken.“)

Luft-Trigon:	Zwillinge	
	Waage	
	Wassermann	
Wasser-Trigon:	Krebs	
	Skorpion	Es sind immer
	Fische	Drei Grade
Feuer-Trigon:	Widder	Drei verschiedene Aspekte
	Löwe	
	Schütze	
Erde-Trigon:	Stier	
	Jungfrau	
	Steinbock	

Luft-Trigon:

♊ **Zwillinge** sind einander immer Spiegelbilder
(eine positive und negative Hälfte)
Gut aspektiert: Wissbegierde
Schlecht aspektiert: Neugier
Nach außen in allen vier Richtungen offen sein und etwas erwarten.

♎ **Waage** ist auch ein luftiges Zeichen, sucht einen Ausgleich, alles abwägen, Urteilskraft.

♒ **Wassermann,** das dritte luftige Zeichen.
Wellen, Ausstrahlung, Radio,
sich selbst ausstrahlen, unpersönlich werden.
Das Zeitalter des Wassermanns muss den Materialismus beseitigen!

Feuer-Trigon:

♈ **Widder,** der Anfang, irritierend, erste Frühlingskräfte, der Same wird „geweckt".
Strahlung der Jugend.
Hörner des Widders: Keimblatt
Der Widder hat seine Hörner so, weil er im Tierreich die Offenbarung dieser Kraft ist.
Dieselbe Linie findet sich auf der Stirn des Widder-Menschen!

♌ **Löwe,** Herrscher. Löwe = Materialisation der Kraft im Tierreich.
Wärme, väterliche Offenbarung.
Kraft der Liebe.

♐ **Schütze,** Feuer des Geistes, Feuer der Weisheit.
Schütze wird auch dargestellt durch einen Kentaur, unteres Körperteil vom Pferd, oberes Körperteil vom Menschen.
Symbol, der Mensch wächst heraus aus dem Tierreich, er wird geistig, er braucht aber seinen Körper als Instrument, um rasch

vorwärts zu kommen. Mit dem Pfeil zielt er auf ein geistiges Ziel. Der Kentaur hat ein Doppelgesicht, ein Gesicht, das nach vorn schaut, und ein Gesicht, das rückwärts schaut.
Die großen Geister waren alle Kentauren.

Wasser-Trigon:

♋ **Krebs.** Der Krebs sitzt in seiner Höhle, er packt rasch seine Beute und zieht sich damit wieder in seine Höhle zurück, er „verdaut", verzehrt, was er sich holt.
Krebs-Menschen nehmen alles tief in sich auf, verdauen es, sie wachsen, werden im Geist groß; während Zwillings-Menschen sich gerne über alles aussprechen (Nachrichtenübermittler).
Der Kopf eines Krebs-Menschen ist groß, sie sind klug und besonnen.
Das Wasser-Element ist begrenzt.

♏ **Skorpion,** lebt im Sumpf, undurchdringliches, geheimnisvolles Wasser. Tödliche Kraft.
Unpersönlich werden, die Persönlichkeit töten, die Skorpion-Kraft besorgt dies, um über sich geistig hinauszuwachsen.
Man sinkt tiefer und tiefer in diesem Wasser – und plötzlich verschwindet man. Was man noch sieht, sind Blasen, die an die Oberfläche steigen.
Der Mensch, als Person, stirbt – sein Geist schwebt über dem Wasser.

♓ **Fische,** Ozean – unendliches Wasser, die andere Welt – unser geistiger Teil, was bisher im Unbewussten war.
Die Auflösung alles Materiellen geschieht durch diese Kraft.
Die Mystiker finden wir im Fische-Zeichen. Fische, das letzte Tierkreiszeichen.
Die Erlösung durch diese Kraft.

Erde-Trigon:

♉ Stier, die empfangsbereite Frau. Im Frühling wird die ganze Natur zu einer Braut.

♍ Jungfrau, unberührt und doch Mutter.
Fruchtbringende Weltenmutter.
Hand der Jungfrau, welche eine Ähre hält.
Herbst, schwer tragend an Früchten.

♑ Steinbock, die dritte Offenbarung: Die Kristallisation ist beendet, das Kind wird geboren. Die heilige Mutter mit dem Kind.
Steinbock ist die Mutter, welche das Neue geformt und hervorgebracht hat.
Die Materialisation: Das göttliche Kind ist da. (= Der Geist unter der dicken Erdrinde.)

Alles, was wir Leben nennen, geschieht in diesem RAD-Tierkreis. Unser ganzes Leben läuft in diesem Rad ab. Wir können nicht aus dem Rad heraus. Wir können den Weg nicht verkürzen, aber Zeit können wir sparen, indem wir den Weg schneller zurücklegen.

Das Leben fängt an mit

1. Widder	Es erscheint etwas, tritt in Erscheinung.
2. Stier	Wurzelfassen, das Kind hängt sich an die Mutterbrust. Es bekommt etwas von „oben“, es nimmt auf.
3. Zwillinge	Verästelung, in alle Richtungen sammelt das Kind Erfahrungen. Sehen und hören.

4. Krebs	Lernen, Schulaufgaben („Verdauen"), nach innen bringen
5. Löwe	Das Kind wird reif, der Knabe wird zum Mann, das Mädchen zur Frau. Wirken, Familie gründen, Feuer als Wärme und Liebe ausgeben, Reife. Der Mensch gibt die Kräfte hinaus.
6. Jungfrau	Früchtebringender Herbst. Einsammeln der Ernte in die Scheune – der Mann fängt an, Vorräte zu sammeln für das Alter. Er sammelt Materie und geistige Güter.
7. Waage	Der Mensch lebt nicht mehr nur nach außen, dass Innenleben nimmt an Bedeutung zu – es kommt zu einem Ausgleich, das Außenleben und das Innenleben kommen in Balance.
8. Skorpion	Wenn der Mensch sich nach innen kehrt, so erkennt er sich selbst und die übrigen Lebewesen. Man fängt an, einig zu sein mit dem Weltall, dem Universum: Die Persönlichkeit hört auf, der Vater übergibt das Geschäft an den Sohn. Er zieht sich zurück und lebt unpersönlich. In der Natur: Die Blätter entfärben sich und fallen ab, die Lebenssäfte ziehen sich zurück.
9. Schütze	Im Alter reift Weisheit, der Mensch kann führen. In seinem Herzen wird alles klar, er wird reif. Es offenbart sich das Christuskind.
10. Steinbock	Geburt des göttlichen Kindes. Der Stall, wo das göttliche Kind geboren wird, sind wir selbst.

11. Wassermann	Dann folgt die Ausstrahlung, der Mensch wird immer geistiger. Er muss das Wasser des Lebens für andere Menschen in Krüge gießen, dann löst er sich auf.
12. Fische	Vollkommene Auflösung. Verlassen aller Gebundenheit. Der Mensch verlässt seine Familie und schmilzt sich ein in das große Ganze.

Buddha war noch jung, er hatte eine schöne Frau und Kinder, auch Reichtum. Als er seine Wandlung erlebte, nahm er den Wanderstab, verließ die Seinen und wurde zum Buddha.

Die Rückkehr zu Gott-Vater geschieht im Tierkreiszeichen FISCHE, der Kreis schließt sich.

Die inneren Kräfte

Wie die göttlichen Kräfte aus unserem ICH ausstrahlen.

Die schöpferische Kraft verteilt und offenbart sich in verschiedenen Aspekten. Zu diesem Zweck haben wir verschiedene Nervenzentren.

Körper und Persönlichkeit leben in Zeit und Raum – das Höhere ICH fühlt weder Zeit noch Raum.

Das HERZ ist der VERTEILER der schöpferischen Kräfte. Wenn sich die Kräfte verteilen, nehmen sie die verschiedenen Formen an.

Analysieren wir, wie wir unsere Kräfte ausgeben, durch welche Kanäle wir sie leiten.

Alle Gefühle, die ins Extrem schlagen (Freud oder Leid), kosten viel Kraft.

Die Kräfte müssen alle gebraucht werden, wir sollen sie gleichmäßig entwickeln und anwenden. Die meisten Menschen aber offenbaren die sieben Kräfte ungleichmäßig. Die Kanäle derjenigen Kräfte, die wir viel offenbaren, verbreitern sich; vernachlässigte Kräfte verdünnen sich. Wenn ein Mensch stirbt, so ist die Verteilung beendet – bei der Wiedergeburt bringt das Kind die betreffenden Veranlagungen mit.

Der Yogi lernt, die Kräfte selbst zu lenken und zu beherrschen.

1. Körperliche Kraft / 2. Nervenkraft

Wir besiegen die Anziehungskraft der Erde, wenn wir ein Gewicht anheben.
Die Nerven leiten die Kraft in die Muskeln weiter.
Werden wir uns bewusst, wie die physische Kraft in den Körper strömt.
Körperliche Müdigkeit bringt guten Schlaf, im Gegensatz zur Nervenmüdigkeit.
Übermüdet sein: Die Nervenkraft ist erschöpft.
Wenn genug Nervenkraft aufgespeichert ist, werden wir nur körperlich müde.

3. Sexuelle Kraft

Zwischen dreizehn und siebzehn Jahren entwickelt der junge Mensch die zeugende Kraft. Die Drüsen sondern Hormone ab.
Verliebt-sein: Unser ganzes Wesen ist „vergiftet".
Vergleich: Krankheit, Fieber.

4. Willenskraft

Gesteigerte Willenskraft = magische Kraft.
Der Solarplexus ist das Organ, wo die Willenskraft sitzt.
Menschen, die ihre sexuelle Kraft nicht ausgeben, beweisen große Willenskraft.
(Zu viel Magensäure, Magengeschwüre: Eine typische Krankheit der unerfüllten Sehnsucht.)

5. **Gefühlskraft**
   Alle extremen Gefühle kosten viel Kraft.
   Depression: Ein ständiger Kraftverlust.
   Trotz Depression können die anderen Kräfte noch einen guten Zustrom haben, also gute körperliche Kräfte.
   Wenn wir in Wut geraten, geben wir enorm viel Kraft aus. Wir können davon erschöpft zusammenfallen. Wir können aber auch beobachten, wie Leute in der Wut Riesenkräfte offenbaren – nachher dann aber auch zusammensinken.

6. **Verstandeskraft**
   Etwas einlernen, interpretieren: Wir brauchen viel Kraft.

7. **Geisteskraft**
   Zum Beispiel der Erfinder, der Künstler.
   Das Erste ist ja ein EINFALL – eine Wahrheit wird klar in uns.
   Dann fängt der Verstand an (6. Kraft), es zu verarbeiten.

Das Kind bringt die Veranlagungen entsprechend der Entwicklung aus seinem früheren Leben mit. Es wächst und sammelt neue Erfahrungen. Es fängt an, andere Auffassungen zu haben, und unbewusst lenken wir die Kräfte von einem Kanal zum anderen. Wenn der Mensch bewusst wird, ein Suchender wird, dann sucht er Menschen, die noch mehr Erfahrungen gesammelt haben.

Swami Vivekananda[24] war ein allumfassender Yogi.

Die Kanäle sind also elastisch: Da, wo uns das Schicksal hinstellt, offenbaren wir die entsprechenden Kräfte, die es dazu vorwiegend braucht.
Wenn wir ständig die Kräfte beherrschen, passen sich die Organe an.

---

24 Vivekananda war ein hinduistischer Mönch (1863-1902). Er brachte den Yoga in den Westen und lehrte auch im großen Stil die indische Philosophie. Elisabeth Haich sprach viel von ihm. Selvarajan Yesudian hatte ebenso eine tiefe Verbindung zu ihm. Er betrachtete ihn als einen seiner geistigen Lehrmeister.

Eine geführte Meditation[25]

„Kommen wir in die Ruhe.
Wir verlassen jetzt alles, was persönlich ist.
Wir ziehen uns aus unseren sieben Kräfte-Strahlen zurück,
wir wollen in unseren unvergänglichen Teil zurückgehen.
Wir wollen in die Mitte hineingehen, in die universelle schöpferische Kraft.“

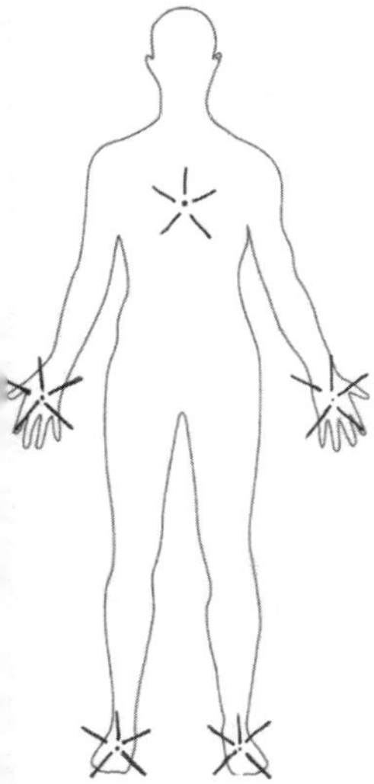

Bei richtiger Meditation ist da kein Gefühl mehr. Ein Mensch, der viel meditiert und tief geht, wird schnell in die Meditation hineinfallen, hineinkommen.
Der Sitz des Lebens ist im Rückgrat. Bei der Meditation öffnen sich kleine „Türen“ im Rückgrat, und der Lebensstrom, die Christuskraft, strömt aus.
„Nimm Dein Kreuz auf Dich und folge MIR nach.“(Matthäus 16,24)

„Der Lebensstrom geht bis in die Arme, dann in die Hände, Beine und Füße und strömt auch aus dem Herzen.
Die fünf Wundmale Christi.“

Nicht äußerlich gekreuzigt werden.
Das Christus-Erlebnis soll *in uns* geschehen.

25 So wie diese geführte Meditation von Elisabeth Haich waren es viele, die an einigen Vortragsabenden angeleitet wurden. Ratsam ist es, sich diese Meditation vorher durchzulesen, um sie dann verinnerlicht visualisiert auszuführen; oder jemand liest sie anleitend vor.

Die zwölf Tierkreiszeichen und die Häuser

Alles, was lebt, läuft ab in diesem Kreislauf. Der Mensch kommt auf die Erde mit einer bestimmten Kraftzusammenstellung. Er kann nur dann sich materialisieren (aus dem Geistigen in die Materie hineingeboren werden), wenn es der richtige Zeitpunkt ist, wo seine (innere) Kraftzusammenstellung übereinstimmt mit der äußeren Kraftzusammenstellung.

Aus der Tierkreis–Konstellation kann man auf die innere Konstellation des Menschen schließen.[26]

Die Sterne über uns sind gleich, aber die AUSWIRKUNGEN verschieden: Das Einzelschicksal gestaltet sich danach, wie die betreffenden Kräfte in Verbindung zueinander stehen.

1. Haus:	WIDDER	Das Leben beginnt. Bedeutung: Die äußere Erscheinung, der Charakter, wie der Mensch innerlich ist.
2. Haus:	STIER	Verknüpfung mit der materiellen Welt, Geld, materielle Verhältnisse. Wenn ein Mensch Geld hat, beherrscht er die Materie.
3. Haus:	ZWILLINGE	Verbindungen, Geschwister, kleinere Reisen, sprachlicher Ausdruck, Briefe etc.

26 Das Horoskop ist die Aussage für die Kraftzusammenstellung eines gesamten Erdenlebens. Es ist nicht nur der Plan, sondern auch die Grundbestimmung, die ständig durch uns wirkt. Durch die weiterlaufenden Planeten (Transite) wird diese Grundbestimmung in eine jeweilige Schwingung gebracht.
Aber machen wir uns bewusst: Die Sterne zwingen uns nicht in ein Schicksal hinein, sie gebieten vielmehr, entsprechend bewusst damit umzugehen.

4. Haus: KREBS

Heim, für die Jugendzeit das Vaterhaus (zu Hause assimilieren wir, was wir erleben, im Alter kehren wir zurück in unser Heim und verdauen unsere Eindrücke).

5. Haus: LÖWE

Das Kind wird erwachsen. Es fängt an, seine Kräfte auszugeben, nicht nur geistig, sondern auch körperlich.
LIEBE – das 5. Haus ist das Haus der Liebe, der Kinder, des Spiels, der Spekulation. (Lokalitäten, welche mit Spiel oder Liebe im Zusammenhang stehen, zum Beispiel Cafés und Konditoreien).
Menschen, die das 5. Haus schlecht aspektiert haben, haben Sorgen mit ihren Kindern und kein Glück in der Liebe. Sie sollten nicht spielen, nicht spekulieren.

Allgemein ist es so, dass die Menschen mit starkem Einfluss der betreffenden Zeichen in den damit zusammenhängenden Dingen bei guten Aspekten sich der positiven Seite erfreuen; bei schlechten Aspekten treten jedoch die negativen Erscheinungen hervor.

6. Haus: JUNGFRAU

Dienen, aber auch Diener haben.
Die kleineren Haustiere gehören auch hierher (Henne, Hund, Katze).
Gut aspektiert: Gesundheit
Schlecht aspektiert: Krankheit

7. Haus: WAAGE

Jede Art von Partnerschaft, wie Freundschaft, Geschäftspartner oder Ehe.
Positiv aspektiert: Harmonie
Negativ aspektiert: Zank.

8. Haus: SKORPION	Haus des Todes, wenn der Mensch reifer wird, muss er unpersönlich werden. Umwandlung. Das bedeutet: Die Persönlichkeit „stirbt" von uns ab, der himmlische Mensch kommt zum Vorschein. Das 8. Haus steht auch für alle Angelegenheiten im Zusammenhang mit dem Tod, also auch Suizid und Erbschaften.
9. Haus: SCHÜTZE	Wenn der Mensch weise wird, kann er andere Menschen beraten. Er arbeitet gern mit dem Feuer der Gedanken. Philosophieren, die Wahrheit sehen, religiös werden. Ausland, große Reisen (auch der Weg zu Gott) Mystik, Okkultismus. Positiv aspektiert: Weisheit Negativ aspektiert: Disharmonie. Der Mensch ist einseitig, dogmatisch, bigott.
10. Haus: STEINBOCK	Beruf, Karriere
11. Haus: WASSERMANN	Geistige Verbindungen, Freundschaften, Beruf ausüben, nicht mehr als Dienst, sondern aus Freude, Erfüllung der Hoffnungen und Wünsche.
12. Haus: FISCHE	Ozean, das Unbewusste in uns. Vollkommene Auflösung. Die Unpersönlichkeit steigert sich in solchem Maße, dass der Mensch in die tiefsten Tiefen des Geistigen eintaucht – er löst sein Wesen vollkommen auf, er schmilzt zurück ins All.

Negativ aspektiert: Alle Beschränkungen, geschlossene Institutionen (Kloster, Spital, Kaserne, Gefängnisse, Anstalten).
Sowohl Insassen als auch das darin tätige Personal haben die betreffende Konstellation.

Es sind die **vier Kardinalpunkte** eines Horoskops zu beachten:

1. Haus:	WIDDER	Erscheinung, Charakter
4. Haus:	KREBS	Vaterhaus (sehr wichtig: Der Mensch, die Wirkung desselben immer in sich – auch wenn Schäden später gut gemacht werden, so bleiben immer noch Spuren).
7. Haus	WAAGE	Ehe, Partnerschaft
10. Haus	STEINBOCK	Beruf

Der Psychologe sagt: Der Mensch wählt für sich fünf Dinge:

- Ehe – Partnerschaft
- Freunde
- Beruf
- Krankheit[27] und Tod

Diese Dinge sind in den Eckhäusern drinnen.

27 Mit dem Bewusstsein wollen wir gesund sein – in unserem Unterbewusstsein wählen wir unsere Krankheiten.

Wirkung der Tierkreiszeichen auf die verschiedenen Körperteile:
(Kopf im Widder, Füße in den Fischen)

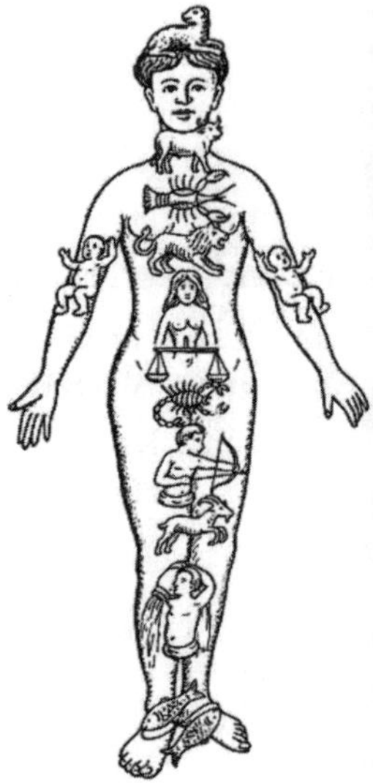

1. Haus: WIDDER
Kopf, Gesicht, Augen, Gehirn (Wir tragen unsere ganze Seele darin, alles drückt sich darin aus.)

2. Haus: STIER
Hals, Rachen, Kehlkopf (harter Stiernacken, wenn negativ aspektiert, dann Halskrankheiten).

3. Haus: ZWILLINGE
Lunge (zwei Lungenflügel)
Arme (zwei Arme, zwei Hände)

4. Haus: KREBS
Speiseröhre bis Magen, Brust, Magen
(In jedem Zeichen, entweder sind die betreffenden Körperteile gesund und stark oder schwach.)

5. Haus: LÖWE
Herz (Feuer, das Leben hat den Sitz im Herzen), Blutkreislauf, Arterien

6. Haus: JUNGFRAU
Eingeweide, Darm, Leber, Milz

7. Haus: WAAGE
Die (2) Nieren – sie bringen den Ausgleich im Wasser und scheiden Gifte aus. Harnblase, Venen.

8. Haus: SKORPION
Leisten, Ausscheidungsorgane, Sexualität, (der Mensch tötet sich selbst, wenn er sich sexuell zu sehr auslebt). Die Kraft, die aus dem Skorpion strahlt, hat eine bestimmte Schwingung, die sexuellen Organe haben die gleiche Schwingungszahl.

9. Haus: SCHÜTZE
Oberschenkel, Hüften, korrespondiert[28] mit den Lungenflügeln.

10. Haus: STEINBOCK
Knie, korrespondiert mit dem Magen.

11. Haus: WASSERMANN
Waden, Unterschenkel, korrespondiert mit dem Herzen.

12. Haus: FISCHE
Knöchel, Füße, Lymphsystem

Aus unseren Krankheiten können wir erkennen, wo wir im Geist Fehler machen. Wenn wir lernen, die Kräfte gut zu lenken, werden wir gesund und glücklich.

28 Wenn ein Organbezug astrologisch angeschaut wird, sollte immer auch das gegenüberliegende Zeichen mit einbezogen werden. Hier gibt es jeweils eine ergänzende Wirkung. Wie Löwe (Herz) und gegenüber Wassermann (Waden); oder Widder (Kopf, Augen) und gegenüber die Waage (Nieren).

Die zwölf Häuser

1. Haus	WIDDER	(Element Feuer) Regent MARS
2. Haus	STIER	(Element Erde) Regent VENUS
3. Haus	ZWILLINGE	(Element Luft) Regent MERKUR
4. Haus	KREBS	(Element Wasser) Regent MOND
5. Haus	LÖWE	(Element Feuer) Regent SONNE
6. Haus	JUNGFRAU	(Element Erde) Regent MERKUR (Verstand) Beweglicher als Stier-Menschen, bewegen sich gerne, naturliebend, Touristen, Jagd, Reisen, dienen gerne, aufopfernd. Tragen nicht gerne Verantwortung, dienen lieber. Neigung zu Minderwertigkeitskomplexen, wenig Selbstvertrauen. Straßenreiniger, Bürobeamte, landwirtschaftliche Verwaltung oder Ministerien.

7. Haus	WAAGE	(Element Luft) Regent VENUS Gleichgewicht, Harmonie, beweglich, Tanzkunst, Seiltänzer, Schlittschuhläufer, Wahrheit, Recht. Oft Richter, auch Musiker. Platz begrenzt, nicht grenzenlos wie Zwillinge. Schlecht aspektierte Waage-Menschen: Diener-Seelen, unterwürfig, demütig, unordentlich – nach oben schmeicheln, nach unter tyrannisch.
8. Haus	SKORPION	(Element Wasser) Regent MARS (Feuer) Haus des Todes, Skorpion tötet, Natur stirbt. Die Mars-Kraft wirkt gegen sich selbst. Skorpion-Menschen können sich selbst töten. Wenn die Persönlichkeit getötet wird, werden sie segensreich, die Persönlichkeit steht dann nicht mehr im Vordergrund. Übertriebene Sexualität tötet, Geisteskräfte bauen geistig auf, erhöhen den Menschen. (Sehen wir die Sexualität immer als eine Naturkraft. Wenn sie missbraucht wird, wirkt sie zerstörerisch.) Wer die schöpferische Kraft tötet, muss selbst sterben. (Christus stirbt durch den Verrat des Judas – Judas tötet sich selbst.) Mond und Sonne (Krebs und Löwe) sind immer nur in einem Tierkreiszeichen, alle übrigen Planeten in zwei Tierzeichen.

Menschen, bei denen die Skorpion-Strahlung (Sexualkraft) sehr betont ist, müssen lernen, sie zu sublimieren = sie ins Geistige umsetzen.

Junge Menschen suchen als Gegenstand ihrer Liebe Ehemänner oder Ehefrauen – unbewusst suchen sie Erlösung durch den Gegenpart, den Widerstand. Wenn dann der Partner auch „Feuer fängt", dann ist es nicht mehr interessant für sie (Carmen-Typ).

Aus Skorpion, sublimiert ins Geistige, wird ein Adler (Apostel Johannes). Solche Menschen sind vollkommen selbstlos. Bei Skorpion–Menschen ist das Verlangen nach Wunscherfüllung so groß, dass sie bei Widerstand leicht Suizid begehen können.

9. Haus SCHÜTZE (Element Feuer)
Kentaur, Unterleib Pferd,
Oberkörper Mensch.
Regent JUPITER
Der Menschen ist noch im irdischen Körper, den er braucht, um rasch zum Ziel zu kommen (das schnelle Pferd). Um Göttlichkeit zu erlangen, muss der Mensch ins irdische Leid geboren werden. Nur mithilfe des Körpers kann er geistig aufwärtssteigen.

Nach dem Tod keine Möglichkeit mehr zur Weiterentwicklung. Übungen für das Nervensystem machen empfänglich für höhere Schwingungen.
Schütze-Menschen benehmen sich immer

würdig (wenn gut aspektiert), man respektiert sie überall.
Menschen, die blind vor sich hin leben, leben ein ganzes Leben nur in einem Tierkreiszeichen, bewusste Menschen durchleben alle Tierkreiszeichen in einem einzigen Leben.
Schütze-Menschen sind geistig, religiös, wollen okkulte Wissenschaften kennenlernen.
Schlecht aspektiert: Dogmatisch
Schütze lieben die Natur, sie können Naturforscher sein, Touristen (letztere nur, um zu beobachten, um Naturschönheiten zu genießen). Gelegenheiten, um ihre Sinne zu beruhigen. Gefahr, auch faul zu werden. Sie verteidigen sich wohl, nur „beißen" sie nicht.

10. Haus STEINBOCK Regent SATURN
Diese Menschen sind weich und hart, sie wissen genau, wo das eine und wo das andere am Platz ist. Gut und selbstlos. Im Herzen Christus offenbaren. Total aufrichtig: Sie sagen, was sie denken. Sind nicht freigiebig, ohne Vorsicht.
Wenn sie einsehen, dass Hilfe nötig ist, dann helfen sie, sonst nicht.

11. Haus WASSERMANN Regent URANUS
Wassermann–Menschen geben sich selbst, erleben die materielle Kraft vollkommen unpersönlich, umgewandelt. Empfinden großes Mitleid mit dem Leiden anderer Menschen, suchen die andere, geistige

Welt. Tragen oft Masken (Clowns, die ihre Persönlichkeit preisgeben).
Im Februar Strahlung des Wassermanns am stärksten: Karneval, Masken tragen, alles vergessen. Stadium, wo Masken ganz fallen, in diesem Zeichen.

12. Haus FISCHE

Regent NEPTUN
Diese Kraft bringt Ruhe. Menschen kehren sich in sich, geistige Augen öffnen sich. Mystiker, brauchen nichts Weltliches mehr. Sie vertragen schwer die Städte, wünschen Unvergänglichkeit. Sie diskutieren nicht, sie wissen, dass alle Menschen auf ihrer Stufe recht haben. Sie wollen ihre Ansichten anderen Menschen nicht aufdrängen.

Da nur Teilwahrheiten bestehen, verstehen Fische–Menschen alles, begreifen jede Stufe.

Christus-Fische-Mensch.

Wenn die Aufgabe richtig erfüllt ist, ist der Fische-Mensch immer ein Mystiker.

Konstellationen

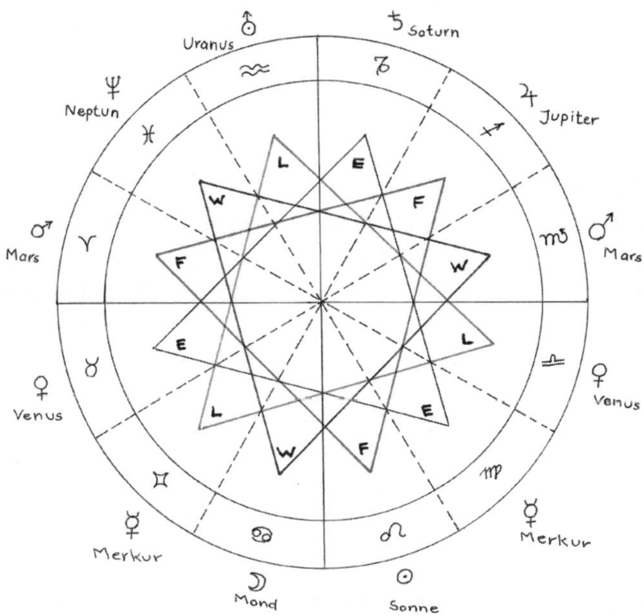

Die planetarischen Kräfte im Horoskop der Menschen stehen in unausgeglichener Beziehung zueinander (wie ein Packen Spielkarten, die gemischt sind). Dadurch, dass wir unser Bewusstsein in die Richtung lenken, wo wir schwach oder unausgeglichen sind, bringen wir das Gleichgewicht (einigermaßen) zustande.

Maßgebend ist vor allem das Zeichen, dass zurzeit des Sonnenaufgangs am Himmel steht. Der stärkste Aspekt ist dadurch bedingt, wo der ASZENDENT[29] sich zur Zeit der Geburt befindet.

Zum Beispiel 21. September 6 h a.m. WAAGE, aber um 6 h p.m. geht die Waage im Westen mit der Sonne nieder und WIDDER steigt auf,

29 Der Aszendent ist – sozusagen – das Ziel des Lebens, da, wo es uns spirituell (unbewusst) hinzieht. Das Sonnenzeichen, in welches wir hineingeboren werden, ist die Kraft, die wir mitbekommen.

so dass also dieses Zeichen maßgebend für die Natalität ist, denn dies ist das Tierkreiszeichen, das zur Geburtsstunde im Aufstieg war.

Erst in zweiter Linie ist das Tierkreiszeichen des betreffenden Monats maßgebend.

Beispiele:

Mars im Widder:	Selbstbewusst, zuweilen aggressiv. Sportliche Aktivität kann Spannungen lösen helfen.
Mars im Stier:	Große Ausdauer. Wird nicht so feurig sein, Stier macht milder.
Mars in Zwillinge:	Mit Luft angefragt, wird das Feuer noch lebhafter. Feuriger Redner, siegender Anwalt, kämpferisch mit Verstand.
Mars im Krebs:	Kräfte werden mit großen Gefühlen ausgelebt.
Mars in Löwe:	Harmonisch, beide feurig, was ganz wunderbare Resultate ergeben kann. Führer, Feldherr, Eroberer (die großen Sieger in der Geschichte hatten immer solche Aspekte). In Disharmonie: Unruhestifter, zu hitzig, Streit.
Mars in Jungfrau:	Kann sehr harmonisch sein, ein solcher Mensch wird ein aktiv Dienender sein, er bringt viel Nutzen, er wird die Interessen wahren für seine Familie, sein Volk etc. Jeweils dort in besonderem Maße, wo das Zeichen im entsprechenden Haus steht.

Mars in Waage:	Kräfte werden mit Begeisterung ausgelebt. Disharmonisch. Ein Richter in diesem Zeichen hat Mangel an Ausgeglichenheit. Der Mensch mit dieser Konstellation kann zu verbalen Entgleisungen neigen.
Mars in Skorpion:	Wasser und Feuer (= Alkohol) Diese Menschen müssen aufpassen, dass sie nicht Alkoholiker werden. Wenn gut aspektiert, dann Erlösung von der Persönlichkeit.
Mars in Schütze:	Harmonisch, feurig im Geist, guter Lehrer. Mars kann sich durch Schütze sehr spirituell offenbaren.
Mars im Steinbock:	Kann wunderbar wirken, wenn ein Mensch bewusst ist. Wenn er die WÄRME wirken lässt, so wird es die dicke Rinde (die materielle Schicht) durchwärmen, und er wird Liebe offenbaren. Wenn der Mensch diese Kräfte aber zurückhält, so ist eine Spannung in ihm, die immer größer wird – schließlich bricht sich diese Kraft gewaltsam Bahn.

Wenn wir unsere Kräfte bewusst lenken, so können wir sie immer gut ausnutzen, für uns selbst und für unsere Umwelt.

Mars in Wassermann:	Ausgesprochener Revolutionär. Sie bringen Unruhe, sie vernichten sogar das Gesetz – Umsturz, Chaos.

Mars in Fische:	Gefährlich, im Allgemeinen disharmonisch Mars-Kräfte nach außen (Feuer). Fische-Kräfte nach innen gerichtet (Ozean).
Venus im Stier:	Die Schönheit offenbart sich durch den Stier.
Venus in Zwillinge:	Geschmack verbunden mit Verstand, gescheit, klug, künstlerisch veranlagt, Schönheitssinn. Diese Menschen denken mit dem Herzen und fühlen mit dem Verstand – sehr gute Zusammenstellung! Wenn nicht gut aspektiert, dann nützen sie andere Menschen auf liebenswürdig-raffinierte Weise aus.
Venus in Krebs:	Harmonisch, mütterlich, ein guter Pfarrer, der seine Gemeinde unter seine Fittiche nimmt. Wenn schlecht aspektiert, dann sind sie zu weich (teigig), aber sanft.

Mars-Menschen haben oft rötliche Haare, rote Backen, Sommersprossen.

Krebs-Menschen sind rund bis dick, weiß und „teigig".

Fragestunde

Antworten auf vorher eingereichte Fragen.

Die HANDLINIEN sind unser unbewusstes Gesicht, sind Spiegel von Vergangenheit, Gegenwart und Zukunft.

Ebenso sind es alle anderen Offenbarungen, zum Beispiel die Schrift – unser Charakter ist unser Schicksal.

Die Linien in der Hand zeigen, welche und wie die Kräfte in uns wirken.

Der Geist ist passiv – er ist URSACHE und wirkt auf die Seele, und so baut sich der Körper auf. Die Materie baut sich auf Kraftlinien auf, aber unsere Kräfte kreisen fortwährend.

Haarwirbel auf dem Kopf: Das ist die Stelle, wo die Kraftlinie endet oder durchbricht.

Die Haare eines Tieres zeigen den Verlauf der Kraftlinien, die Haare auf der Nase gehen nach links und rechts, „gegen den Strich" zu streicheln ist unangenehm. Es irritiert, weil die Ordnung gestört wird.

• • •

Es gibt zwei Wege: Der Weg des Lebens und der Weg des Bewusstseins. Wir sollen beide Wege gehen – der Weg des Bewusstseins ist aber der wichtigere.

Meditation: In unser tiefstes Ich gehen und zum Bewusstsein unseres höheren ICHs gelangen.

• • •

Unser Verstand kennt nur Vergangenheit und Zukunft, durch die Verbindung der beiden entsteht die Gegenwart. Je geistiger ein Mensch, desto weniger zeitgebunden ist er. Ein sehr hochstehender Mensch liest viel rascher als andere.

„Déjà vu“ = Wir sehen etwas in der Gegenwart, auf der materiellen Ebene, was wir vorher geistig (z.B. im Traum) schon gesehen haben. Wir hatten im Geist in die Zukunft geschaut.

Vergleich mit Grammophonplatte: Wir hören die Platte im zeitlichen Ablauf, der Geist ist imstande, diese Musik in einem Moment aufzunehmen, also zu hören.

• • •

Schwindelgefühle: Die Ursachen sind verschiedener Natur. So werden Menschen von Schwindelgefühlen (von erhöhtem Standpunkt ins Leere nach unten sehen) befallen, die in ihrem Horoskop viele erdhafte Elemente haben (die Erde zieht sie an).

• • •

Wenn die Augen in Ruhestellung sind, sind sie nach oben gedreht.

• • •

MAGIE = Naturkräfte lenken.

Weiße Magie / Schwarze Magie

Ein Weißer Magier ist derjenige, der die göttlichen Kräfte in sich fühlt: Er lässt die göttlichen Kräfte durch seine Persönlichkeit wirken, er tut, was diese wollen.

Der Schwarze Magier dagegen lenkt die Kräfte nach seinem persönlichen Wunsch. Er kennt den Schlüssel zu den höheren Kräften und lenkt sie – er ist isoliert. Bei seinem Tod stirbt er für immer.[30]

30 E. Haich beschreibt im Buch „Einweihung" im Kapitel ‚Der junge Priester erscheint' ihre Erlebnisse mit Paul Brunton und reflektiert am Ende des Abschnitts über Weiße und Schwarze Magie.

Die sieben Kräfte und ihre Oktav-Kräfte

Zuerst waren alle diese Energien zusammen in Gott, dem NICHTS, das alles enthält, aber noch ungeoffenbart. Der paradiesische Zustand (es ist noch nichts offenbart).

Im Anfang war das WORT, Wort soll heißen LOGOS, der erste Laut. Nach der Bibel hat Gott die Welt in sechs Tagen erschaffen und am siebten Tag hat er geruht.

Gott denkt nicht, ER ist die Kraft, damit das ER einfach ist, wirkt ER.

Anfang der Offenbarung: Gott hat Luzifer hinausgesandt, ein Gegenüber, die Widerstandskraft.[31]

Vergleich: (Wasserkringel, Ton, Schwingen)
wo sich die zwei Kringel oder Töne treffen, entstehen neue Töne, Kringel und so fort.

Je näher wir zur Mitte kommen, desto zahlreicher und gemischter sind die Energien.
Wo sich sehr viele Knotenpunkte treffen, entsteht Materie.
Für uns undurchdringbare Schwingung ist die Materie. Für unsere Hand ist das Glas Materie, für unser Auge nicht, für den Lichtstrahl, der das Glas durchdringt, auch nicht.

31 Immer wieder sprach Elisabeth Haich von diesem mystisch-symbolischen Beginnen der Schöpfung: Gott schleuderte aus sich heraus eine Kraft und sprach: Auf dieser Spannung, auf dieser Widerstandskraft werde ich meine Schöpfung aufbauen.
Die Ersten werden die Letzten sein. Das wird diese Kraft sein, die am „Schluss" wieder in Gott zurückfließen wird. Das ist für uns schwer zu verstehen; doch alles hat seinen Platz in Gottes Schöpfung.

Der unterste Knotenpunkt (Energieknotenpunkt) ist bei Menschen im Steißbein, der oberste unter dem Scheitel: Die graue Hirnrinde (unter dem Haarwirbel auf dem Scheitel des Menschen) ist derjenige Teil mit den höchsten Schwingungen. Bei den meisten Menschen ist sie noch ungenügend entwickelt.

Das vegetative Nervensystem:

Im Sonnengeflecht liegen die wichtigsten Nerven, von da aus wird unser ganzer Körper dirigiert, gesteuert.
Die Nervenzentren sind die Quelle des Lebens.
Im Durchschnittsmenschen sind die Chakras noch im latenten Zustand, wir haben sie noch nicht bewusst in Gebrauch genommen. Auch hat nur solch ein Mensch das Recht, sich selbst zu lenken, welcher sich vollkommen beherrscht.

Das Bewusstsein geht parallel mit der Selbstbeherrschung

Bewusstsein bedeutet: Ein Zentrum (in der Mitte), alle Kräfte kreisen darum herum. Je kräftiger das Zentrum, desto höher, also schneller die Schwingungen. Bessere Widerstandskraft.

Die sieben Knotenpunkte, in Indien CHAKRAS[32] genannt, sind eine physiologische und psychische Tatsache.

---

32 *Chakra*, Rad, Kreis. Es wird angenommen, dass es subtile Energiezentren sind, also im nichtstofflichen Körper. Die Nennung erfolgt von unten nach oben: Wurzel-, Sakral-, Solarplexus-, Herz-, Hals-, Stirn-, Scheitelzentrum. In der Mitte der Sushumna-Kanal, durch welchen die Kundalini-Kraft fließt, links und rechts die Kanäle Ida und Pingala.

7.	Sahasrara Allwissen, Allmacht	1000 Blütenblätter
6.	Ajna	2 Blütenblätter
5.	Vishuddha Weisheit	16 Blütenblätter
4.	Anahata	12 Blütenblätter
3.	Manipura	10 Blütenblätter
2.	Svadhishthana	6 Blütenblätter
1.	Muladhara	4 Blütenblätter

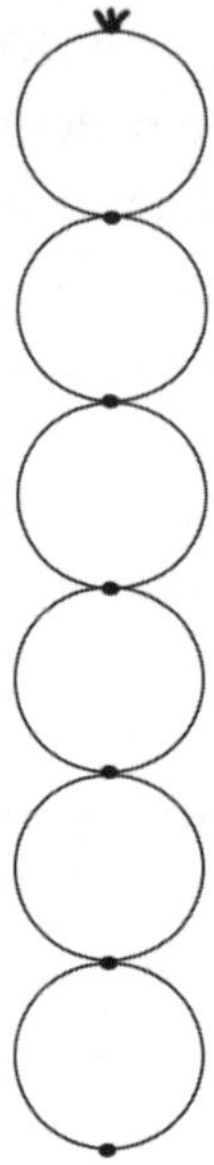

Obere Chakras: 3 positive Ladungen
Untere Chakras: 3 negative Ladungen.
Beim 4. Chakra, Anahata, treffen sich beide.

HERMESSTAB

Ein uraltes Symbol
Mitte, vertikale Schlange
(Schlange, das Symbol für Weisheit und Verführung)

Zwei seitliche Schlangen, die kreisenden Ströme, analog des menschlichen Rückgrats, welches die Form einer Schlange hat (unser Schädel ist ein vergrößerter, erweiterter Wirbelknochen).
Links und rechts des Rückgrats die Nervenbündel.

Im obersten Chakra ist FEUER.
Die Körperwärme wird im Kopf bestimmt.
Fieber wird produziert, wenn der Körper Bakterien verbrennt.

Feuer	(Kopf) Bakterien verbrennen.
Luft	(Brustbereich) Nase, Lunge
Wasser	(Bauch) Niere, Milz, Leber, Blase
Erde	(Unterbauch, Beine) Darm, Verarbeitung der dicken Speisen.

„Der Glaube kann Berge versetzen." An etwas zu glauben heißt: Mich selbst, mein Bewusstsein in etwas hineinzuversetzen. Wo wir unser Bewusstsein hineinversetzen, fängt etwas zu sein an.

Warum sind wir schwach?
Warum haben wir Minderwertigkeitsgefühle?
Wir glauben nicht an uns. Im Moment, wo wir unser Bewusstsein in uns haben, an dieses glauben, an die Kraftquelle in uns glauben, kehren wir langsam zu uns selbst zurück.

EINWEIHUNG bedeutet, dass wir uns selbstbewusst machen, wir müssen zurückfinden zum Geist, der in uns ist.

Von unserem ersten bewussten Augenblick an tragen wir alle die Sehnsucht in uns nach Samadhi[33], nach der vollkommenen Erfüllung. Das Vakuum in uns verursacht die Sehnsucht. Die geschlechtliche Liebe ist nur eine Täuschung – der Mensch wählt, die Erfüllung zu finden, doch er findet sie nie vollkommen!

Glück unter den Menschen ist die Freundschaft, sich liebend zu verstehen und zu helfen – aber nicht Erfüllung vom Partner zu erwarten. Das Glück finden wir also nur in uns selbst. Wir tragen beide Pole in uns, erst im Samadhi können wir das vollkommene Glück, die Seligkeit, erfahren.

33 *Samadhi*, Sanskrit; Sammlung, Versenkung, tiefe Meditation, Einheits-Zustand.

Die Chakras I

Weil die Chakras in uns wirken, können wir im Körper leben. Sie arbeiten in uns, für uns unbewusst, gleich wie das vegetative Nervensystem.

Was erleben wir in den verschiedenen Chakras, wenn wir sie uns bewusst machen? Dann haben wir das Erlebnis der Wirkung derselben.

Die Chakras sind eigentlich nicht im Körper, sie haben aber ihren Sitz in verschiedenen Nervenzentren.

Vergleich: Ein Auto und der Chauffeur, der noch nicht drinnen sitzt. Erst wenn der Chauffeur das Auto in Funktion setzt, fährt es.

Der Durchschnittsmensch lebt in seinem Bewusstsein nur die unteren drei Chakras, die negative Ladung. Beweis: Diese Menschen denken ganz materialistisch (Esslust, Gier nach Macht und Geld, Sexualität, Besitzgier).

1. Unterstes Chakra: 4-blättrige Lotosblüte

2. Unterstes Chakra: 6-blättrige Lotosblüte
(8 bleibt aus, es bringt Spaltung/Tod)

3. Unterstes Chakra: 10-blättrige Lotosblüte

4. Mittleres Chakra: 12-blättrige Lotosblüte
Ein Mensch, der sein Bewusstsein bis zur zwölf-blättrigen Lotosblüte erheben kann, kennt und versteht alle zwölf Tierkreiszeichen. Er versteht jeden Menschen, er erlebt die Erlebnisse anderer mit. Wenn wir die Tier-

kreiszeichen alle gut verstehen und in den Menschen die Kräfte erkennen, so haben wir unser Bewusstsein höher entwickelt. Bewusstseinserweiterung.
Auch die Gesetze im Weltall werden wir verstehen.

Siegel Salomons
(Salomon, im Alten Testament, war der größte Magier und Weise der Welt. Alle Völker haben ihn gekannt.)

Die zwölf Lotosblätter sind um diesen 6-zackigen Stern herum angeordnet.

Jedes Ding, ob Pflanze, Tier oder Mensch, lebt nach dem göttlichen Gesetz. Wir können nicht gesetzlos leben.

5. Chakra: 16- blättriger Lotos
Sitz in der Schilddrüse (Schilddrüse schaltet uns ein in die Zeit). Je besser die Schilddrüse, diese geheimnisvolle Drüse, arbeitet, desto besser der Verstand.
Unterentwickelte Schilddrüse: Fehlende Geisteskraft.

Die griechischen Statuen haben alle etwas übertriebene Schilddrüsen, starken Hals = guten Verstand. Ein Mensch mit stark entwickelter Schilddrüse, der noch nicht abgeklärt ist, rennt und hastet, verhaspelt sich im Sprechen.
Ein Mensch mit ebenfalls stark entwickelter Schilddrüse, der schon weiter entwickelt ist, hastet nicht – er hat Zeit.
Gute Entwicklung im fünften Chakra führt zu geistiger Sehkraft.

6. Chakra: 2-blättriger Lotos
MOSES hatte „2 Hörner“[34]

Moses war ein ausgesprochener Jupiter-Mensch. Er hatte die Linien des 2-blättrigen Lotos auf der Stirn. Die Jupiter Menschen haben dies beinahe alle – besonders hoch entwickelte Menschen. Wer sich auf das 6. Chakra erheben kann, *sieht* alles, er ist zu Hause in der INTUITION.
Samadhi: Sich in das Ajna-Chakra erheben.

7. Chakra: 1000-blättriger Lotos (= Unendlichkeit)
Allwissenheit, die Quelle der Intuition. In diesem Chakra sind alle Möglichkeiten gegeben.
Im Moment des Sterbens können alle Menschen den ganz hohen, göttlichen Zustand erreichen. Ein negative Einstellung allerdings schließt die Türe zu.

Nachtrag zum 6. Chakra: Okkulte Fähigkeiten / hypnotische Fähigkeit, sehr gefährlich.
Verständnis für die Symbole.
Verständnis, danach sollten wir streben.

Die Schöpfung: „ES SEI.“
Ton – Vokal – Schwingungen

Unsere rechte Seite ist positiv.
Unsere linke Seite ist negativ.
Durch das Herz können wir die negativen und positiven Pole in Schach halten.

34 Berühmte Moses-Plastik von Michelangelo, dieser wusste um die tiefe Symbolik.

Wenn ich mich auf das Herz konzentriere, nähern sich unterer und oberer Pol an.
Die Anziehungskraft ist im Herzen gleich zu beiden Polen.
Wenn wir sie zusammenbringen, fühlen wir nicht mehr das Herz, sondern Zeit und Raum fallen dahin.

12	**Tierkreiszeichen**	= 1 + 2 = 3
7	**Punkte**	7 x 3 = 21 = 2 + 1 = 3

Vom 1. Punkt aus:	6 Verbindungen
Vom 2. Punkt aus:	5 Verbindungen
Vom 3. Punkt aus:	4 Verbindungen
Vom 4. Punkt aus:	3 Verbindungen
Vom 5. Punkt aus:	2 Verbindungen
Vom 6. Punkt aus:	1 Verbindung
	21 total = 2 + 1 = 3

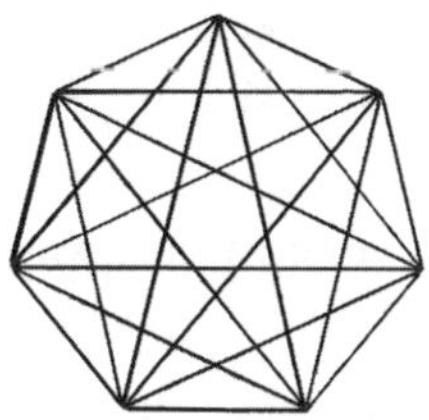

Auch unser Grund-ABC besteht aus
21 Buchstaben = 21 = 2 + 1 = 3

Die Buchstaben sind die Stationen, über die der innere Weg führt.
Die Kräfte in der Darstellung.
Die Kräfte fließen nach rechts und links, kreisend.

2x5 Spindellinien = 10 Ströme
7 Knoten, in der Mitte
12 = 1 + 2 = 3

Beim Menschen: 2 x 5 Finger
2 x 5 Zehen
= 10 Energieströme

Die Chakras II

Im 7. Chakra erreichen wir Samadhi = Seligkeit.
In den vorherigen Stadien hat der Mensch VISIONEN.

• • •

Spiegel: Ein Mensch, der sich noch nie im Spiegel gesehen hat, hat keinen richtigen Begriff davon, wie er aussieht.

Unser VERSTAND spiegelt zurück, was das Ich hineinprojiziert – das Ich erkennt sich im Spiegel.

Unser Verstand ermöglicht unser Selbstbewusstsein.

Wir sehen die ganze Welt im Spiegel unseres Verstandes, so, wie er das Bild zurückgibt. Also werden wir die Dinge nur dann vollkommen sehen, wenn unser Verstand vollkommen *unpersönlich* ist.

Wir Menschen tragen in uns das Maß, jeder sein eigenes, und so können wir also nur nach unserem Maß messen. Darum: Verurteilt nicht, auf dass ihr nicht selbst verurteilt werdet.[35]

Ein Mensch, der andere Menschen verurteilt, verurteilt damit auch sich selbst.

Tout comprendre c'est tout pardonner – alles zu verstehen, bedeutet alles zu verzeihen. Wenn wir Menschen verzeihen können, so werden wir uns selbst auch verstehen und verzeihen können, wenn wir etwas tun, dass wir eigentlich nicht tun wollten.

---

35 **Richtet nicht**, damit ihr nicht gerichtet werdet! Denn wie ihr richtet, so werdet ihr gerichtet werden, und nach dem Maß, mit dem ihr messt und zuteilt, wird euch zugeteilt werden. Matthäus 7.1

So wie die einzelnen Menschen, so haben auch die Völker ihre besonderen Merkmale. Ein Mensch oder ein Volk, dass rachsüchtig ist, stellt seinen Gott als rachsüchtig da. Ein Volk, dass gutwillig und wohlwollend ist, glaubt auch an einen Gott der Liebe.

Die alten Griechen haben in ihren Mythologien die höchsten Wahrheiten dargestellt. Physiologisch sind sie richtig.

Alle Religionen haben ihren Mythos = Wahrheiten in Gleichnissen (Physiologie in Symbole eingehüllt).

• • •

Wie ist unter den Menschen der Begriff des Himmels entstanden? Tiere stellen sich keinen Himmel vor – für den Hund ist der Mensch, sein Herrchen, sein Gott.

Nur der Mensch hat die Einsicht, dass es eine höhere Macht gibt. Er stellt sich diese nach seinem eigenen Maßstab vor.
Wenn wir tief in uns hinabsinken, im Trance-Zustand, sehen wir die nackten Dinge, zum Beispiel ein Gesicht ohne persönlichen Ausdruck:

- Schmerz: Alle Linien nach unten.
- Freude: Alle Linien nach oben.

Das Wassermann–Zeitalter duldet keine unbewussten Menschen mehr. Die Menschen werden jetzt ganz hochkommen oder zurückfallen und anfangen müssen, sich von der niedrigsten Ebene wieder hinaufzuentwickeln.

• • •

Meditation: *Wir sollten nicht erschrecken, wenn wir zuerst auf Schreckensbilder stoßen – es sind die Spiegelbilder unsere eigenen schlechten Vorstellungen, die wir in uns tragen.*
Wenn wir weitergehen, dann werden die Visionen immer schöner – zuletzt werden wir eine schöne lichte Gestalt mit einem lächelnden Gesicht sehen: Christus, das wirkliche ICH in uns.

• • •

Woher kommt die Vision des Himmels, wie die Maler ihn uns darstellen? Im Westen sagen wir Himmel, und viele stellen ihn sich über dem Himmelsblau vor. Die Orientalen wissen, dass es keine Wirklichkeit gibt in Raum und Zeit.

In den Ur-Religionen werden wir immer dieselbe Darstellung des Himmels sehen:
Die Heilige Dreifaltigkeit (Gott in der Mitte, das Kreuz und oben die Taube).

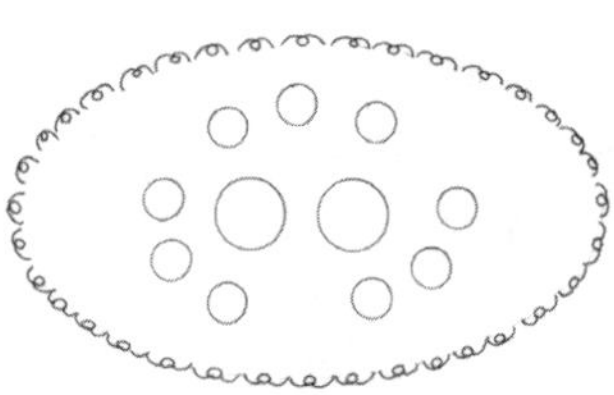

Gott-Vater und die Himmelskönigin mit einer Krone mit zwölf Diamanten.
Darum herum sitzen die Erzengel 3 x 3 = 9 an der Zahl, weiter im Kreis herum kleinere Engel, Engelscharen, am Rand Engelsköpfe mit Flügeln, alles tendiert auf den Mittelpunkt zu.

Das **MANDALA** finden wir im Osten:

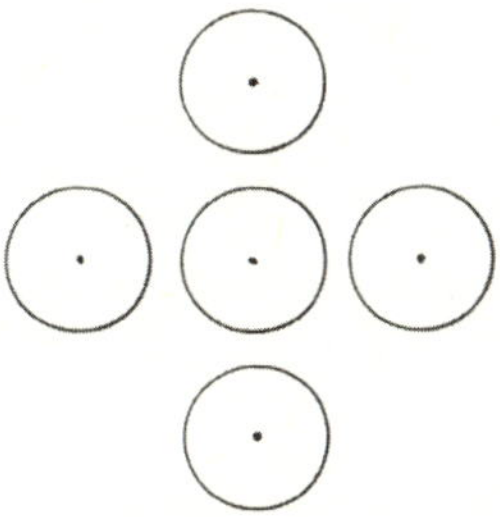

In der Mitte sitzend PARABRAHMAN (Gott-Vater), um ihn, über ihn gebeugt, die SHAKTI, die Himmelsgöttin, Mutter des unendlichen Raumes - nicht Weib, sondern das tragende, das negative Prinzip, Hingebung und mütterliche Kraft.

Im Weiteren vier Götter, die vier Hauptoffenbarungen Gottes.
(Das Zentrum: Der geistige Grund der vier Elemente).

Im Tibet hat sich die Lehre am reinsten, in der Ur-Form, bewahrt.

Hierarchie Ist sie draußen - oder in uns? Beides: Was in uns ist, ist auch außen, die Außenwelt findet wir innen, und was innen ist, ist auch außen.

Was wir draußen sehen, ist nicht übereinander, sondern auf der gleichen Ebene (z.B. Mineral, Pflanze, Tier, Mensch).
Es gibt also nur eine symbolische Rangliste. Orchideen zum Beispiel sind schon fast auf der tierischen Stufe. Auf der materiellen Stufe steht der Mensch nicht höher als der Affe.

Hierarchie sind die verschiedenen Stufen, die anzeigen, wie hoch ein Wesen sich entwickelt hat. Bei Menschen: Wie weit die Offenbarung des wirklichen göttlichen Wesens vorangeschritten ist.

In der Vision Jakobs: Die Stufenleiter = Hierarchie.
Goethe hatte dieselbe Vision.

In Wirklichkeit sind aber die verschiedenen Stufen nicht übereinander, nur dem Grad nach sind sie eine Stufe höher.

Der menschliche Spiegel ist dann vollkommen, wenn er Gott so zeigt, wie Gott in uns lebt.

Wir müssen unseren Verstand reinigen, den Spiegel reinigen = das Persönliche ablegen.

Der Lebensbaum und der Baum der Erkenntnis des Guten und des Bösen

Solange wir die Tierkreiszeichen, die sieben Kräfte und die sieben Elemente nicht kennen, können wir nicht in die Tiefe der Symbole der Bibel eindringen.[36]

VISION: Richtig verstehen – nicht etwas, das wir außen sehen, sondern innen.

Stellen wir uns vor, die Schöpfung habe noch nicht begonnen: GOTT IST – sonst noch gar nichts.
Stellen wir uns eine große Fläche vor, wo noch gar nichts ist, zum Beispiel ein großes weißes Blatt Papier.
Alles, was einmal Schöpfung werden soll, muss als Möglichkeit vorher schon da sein. Aus dem weißen Blatt können wir alle Variationen von Formen herausschneiden, darauf zeichnen oder schreiben. Im Moment, wo etwas herausgenommen wird, bleibt das negative Bild zurück.

KARMA bedeutet nicht Schicksal, sondern wo sich etwas offenbart, da bleibt eine Lücke = das Negative.

Als Christus die Vollkommenheit erreicht hatte, begegnete ihm Satan. Wo immer ein Mensch das Christus-Sein erreicht und verwirklicht – in dem Moment (augenblicklich) erscheint Satan.

36 E. Haich, „Einweihung“ S. 311 : „Das bedeutet, dass die Menschheit die Geheimnisse des Selbst in jeder Offenbarung der zwölf Tierkreiszeichen kennenlernen muss. Diese hohen Wahrheiten zu verstehen und zu verwirklichen, braucht die Menschheit zwölf Epochen, zwölf Zeitalter, also ein ganzes Weltenjahr — fünfundzwanzigtausend Erdenjahre! Die materiell eingestellten Menschen müssen zuerst die Geheimnisse der sieben Ebenen kennenlernen. Erst dann sind sie für die kosmischen Wahrheiten des Selbst reif.“

Experiment mit einer beliebigen Figur vor einer weißen Leinwand: Davor links und rechts jeweils eine Lichtquelle. Nun erscheinen auf der Leinwand zwei Schatten der einen Figur, links und rechts.
Gib ein rotes Cellophan Papier vor die (rechte) Lichtquelle: Der Bildschatten färbt sich rechts rot – der Gegenbildschatten links grün.

Alles, was wir wahrnehmen können, Formen oder Farben, ist nicht möglich ohne das betreffende negative Bild.
Das, was wir offenbaren, ist das, was wir aus dem Ganzen herausnehmen, es bleibt das Negativ zurück.
In unserem Mittelpunkt, wo die Schöpfung angefangen hat, tragen wir die Vollkommenheit.

Wir Menschen tragen alle unser DUAL in uns. Wenn ich die Weiblichkeit offenbare, trage ich in mir die Männlichkeit, und so weiter.

ICH-Spaltung = Schizophrenie, krankhaft.

Auf der materiellen Ebene muss es immer Gut und Böse geben, Licht und Schatten, Negativ und Positiv. Sich Gott als Licht vorzustellen, ist falsch, denn wo Licht ist, gehört auch das Gegengesetzte dazu, als Beispiel Höhe und Tiefe.

BEETHOVEN, MICHELANGELO, die wir als große Künstler bewundern, waren unglücklich, wegen der Tiefe unter ihnen und wegen der Höhe über ihnen: Es war das Wahrnehmen, das Gefühl von der Vollkommenheit, die sie nicht erreichen konnten.

Die ganze Schöpfung ist der Baum des Lebens, der Baum der Erkenntnis des Guten und des Bösen.

Gott ist nicht aus der Schöpfung herausgefallen. Gott ist **die Einheit selbst**. Gott steht über allem Geschaffenen und ruht in sich in vollkommener Einheit. Somit ist er das NICHTS, dem das All, die Schöpfung, entsteigt und sich offenbart. In ihm sind aber NICHTS und das ALL eine ungetrennte göttliche Einheit.

Im paradiesischen Zustand war alles in Einheit, der Urzustand, der als Baum des Lebens beschrieben werden darf. Gott ist wie ein Lebensbaum in der Mitte des Paradieses, der vollkommene Zustand.

Um den Lebensbaum herum, ebenso in der Mitte des Paradieses, ist der BAUM DER ERKENNTNIS. In der Mitte fließt immer der Lebensbaum, der Lebensstrom.

Somit sind alle Wesen, inklusive der Mensch selbst, die Früchte am Baum der Erkenntnis. Der Urmensch (Adam und Eva) identifizierte sich mit den Früchten vom Baum der Erkenntnis, durch den Wunsch nach Erkenntnis, also in die Erkenntniskräfte (Erfahrung) hineinzugehen. Es heißt, ihnen gingen die Augen auf für die Schöpfung, aber immer aus der Sicht des einen Teils der Wahrnehmung, also der Mensch erfuhr immer nur den einen Aspekt der Offenbarung, während der andere Teil im Ungeoffenbarten verblieb, in ihnen selbst.

Adam und Eva aßen den Apfel vom Baum der Erkenntnis. Essen bedeutet hier symbolisch identifizieren = identisch werden.

Die Schlange im Paradies

Die Schlange ist die Versuchung, die Versuchung nach Erkenntnis. Diese lockt den Geist in die Materie hinein. Ohne diese Kraft findet kein aus der Einheit gefallenes Bewusstsein in Gott zurück. Das bedeutet, wenn diese Kraft umgewandelt wird, durch Erkenntnis, wird sie eine geistige Auftriebskraft in den paradiesischen Zustand zurück.

Die **kriechende Schlange** = Symbol, dass die Energie noch an die Erde gebunden ist. Versucherin zu Selbstsucht und Schlauheit.

Die **aufgerichtete Schlange** = Symbol der Einweihung, über die Erkenntnis und Wissen wieder in den Urstand zurückgelangt. Herr über das göttliche Wissen.

Die **aufgerichtete Schlange**, ebenso der fliegende Adler, sind Symbole für Vergeistigung der Verstandeskräfte.

Der **Stab** ist das Symbol für den Verstand.[37] Wenn er als Stütze für den Weg auf Erden gebraucht wird, ist er nützlich. Wenn um den Stab herum sich die Schlange nach oben windet, bedeutet es, dass die gebundenen Erdkräfte mit dem nun eingesetzten Wissen zur göttlichen Weisheit werden.

Zuerst haben die Ur-Menschen alle beiden Hälften in sich getragen (positiv und negativ/männlich und weiblich). Dann kam die Spaltung, der Mensch fand den Frieden nicht in sich. Da kam die Schlange, sie zeigte den Menschen die Dinge von außen. Wenn wir beide Pole wieder *in uns* vereinigen, erleben wir den Frieden.

Von der Zeit an, da der Mensch vom Baum der Erkenntnis gegessen hatte, wurde er PERSÖNLICHKEIT, er lebte in Zwei-heit, er konnte die Einheit nicht mehr finden. Wie können wir den Weg zurückfinden?

Langsam, durch Wissen, durch Bewusstwerdung – wir müssen uns selbst, unser Innerstes kennenlernen.

Die Wissenschaft entdeckt immer Neues, von Stufe zu Stufe, Entwicklung verläuft parallel: Was die Wissenschaft entdeckt, hilft uns gleichzeitig auch, den Menschen besser verstehen zu lernen.

37 E. Haich, „Einweihung“, S. 307 „Der Stock ist der Verstand, der eine mächtige Hilfe ist. Wenn aber der Verstand erdgebunden nur materiellen Zwecken dient, wird aus ihm eine auf der Erde kriechende Schlange, die Versucherin zur Selbstsucht, die Schlauheit.“

Hier einige Analogien in der Wissenschaft:
Fotografie (Linse, Lichtstrahlen) – das menschliche Auge.
Telefonzentrale – unser menschliches Nervensystem.
Radio – eine weitere Stufe zur menschlichen Selbsterkenntnis.

Wo wir auf Schwierigkeiten stoßen, bringen diese auch etwas aus uns heraus. Wo der Mensch es allzu leicht hat, kann es oft Rückschläge und Degeneration geben.

Geistiger Yoga: SEIN, in der geistigen Balance sein (nicht Höhe noch Tiefe, weder ja noch nein, nicht Wärme noch Kälte), für uns Menschen ist noch alles relativ, weil wir alles in Raum und Zeit projizieren.

SEIN: Nicht etwas nach außen projiziert. (ICH BIN), in mir selbst, in meinem ungeoffenbarten Teil.

Alltägliche Gespräche: Die Worte fallen wie Blätter vom Baum. Im Moment, wenn ein Wort ausgesprochen wird, ist es hinausgegeben, es bleibt in mir eine Leere.

Was immer in der Welt der Erkenntnis offenbar gemacht wird, das ergänzende Gegenteil bleibt im Ungeoffenbarten.

Die Menschen sprechen viel von dem, was sie nicht haben – in Ländern, wo keine Freiheit ist, spricht man immer von der Freiheit.

Der Körper gehört dem Satan	–	(alles an der richtigen
Der Geist gehört Christus		Stelle und zur richtigen
		Zeit offenbaren.)

Konzentration: Beim Verstand beginnen, doch der Verstand wird langsam ausgeschaltet. Zum SEINS-Zustand gelangen.[38]

Wie ein Wasserstrahl aus einem großen Wasserreservoir unaufhörlich aufsteigt, so kommen auch die Gedanken – wir müssen uns also von ihnen entfernen, sie nicht beachten, sie auf die Seite stellen, ihnen keine Beachtung, keine Aufmerksamkeit geben.

---

38 E. Haich in „Einweihung", S. 195: „Jede Konzentration beginnt mit der verstandesmäßigen Phase." (...) S. 198: „Der Verstand verursacht die Spaltung, aber aus diesem gespaltenen Herausgefallensein hilft auch der Verstand heraus, durch Konzentrationsübungen und BEWUSSTWERDUNG." (...) „Bisher hast du verschiedene Dinge zur Konzentration bekommen. Von nun an ist es deine einzige Aufgabe, dich auf dich selbst zu konzentrieren und alle drei Phasen [verstandesmäßige, gefühlsmäßige und geistige Phase] bis zum Seinszustand mit deinem eigenen Selbst zu verwirklichen. Du musst einen Zustand erreichen, den man in der ersten Person Einzahl nur so ausdrücken kann: „Ich bin, der ich bin."
Gib Acht: Es ist nicht genug, wenn du denkst, was du bist, wenn du fühlst, was du bist, sondern du musst sein, was du in deinem wahren Wesen bist. Das ist deine Konzentrationsübung bis zu deiner Einweihung.
Denken ist die Brücke zwischen Unwissenheit und Wissen. Wenn wir alles wissen – wie Gott –, werden wir das Denken nicht mehr brauchen. Gott ist allwissend, er ist das Wissen selbst."

Fragestunde

Es ist notwendig, alles synthetisch, aus einem Mittelpunkt zu sehen. Denken wir an Ursachen, sehen wir, was hinter den Erscheinungen liegt.

Warum wedelt der Hund mit dem Schwanz?
Wahrnehmung löst Empfindung aus. Das Wedeln ist eine Reaktion der Empfindung, der Schwanz als Fortsetzung der Wirbelsäule reagiert. Wahrnehmung im Gehirn; der Reiz (Leid, Freude etc.) läuft durch das Rückgrat bis zum Schwanzende (gesteigerter Lebensstrom).

Konzentration auf E:
(als Laut: Vorherrschaft der Merkur-Kraft, die *Zeit*, die läuft).
Die Vertikale des Buchstabens E setzt sich auf meine Mitte, mit den drei waagerechten Stäben nach rechts: Dies ist erst das Spiegelbild, mit den drei Stäben nach links Ǝ. Dies ist richtig, es bringt den SEINS-Zustand. Der Dualismus hört auf.

Wir Menschen haben ein Instrument in uns, dass uns die WAHRHEIT zeigt. Der Verstand trägt in sich den Keim zur Weisheit.

• • •

Der Baum der Erkenntnis des Guten und Bösen:
Ich muss in der MITTE stehen, aber ich muss *die rechte Seite offenbaren* und die linke Seite vollkommen erkannt haben.

CHRIST (rot) und ANTICHRIST (grün)

Christus wird immer gekreuzigt: Die Kreuzigung des Geistes.

Wir können Erkenntnis nur durch Gutes und Böses bekommen.
Wie kann ich wissen, was gut ist, wenn ich nicht weiß, was schlecht ist?

Ich bin so lange verschwenderisch, als ich nicht sparen kann. Erst wenn ich sparen kann und etwas verschenke, dann kenne ich beide Seiten. Ich muss alles Negative kennen, wissend in mir tragen – dann aber die rechte Seite offenbaren. Das JA erlangt erst Kraft durch das NEIN.

Das Leben zwingt den Menschen immer, nach den Ursachen der Auswirkungen/Erscheinungen zu suchen.
Erkenntnis durch Leiden = Entwicklung.

Gedanken sind Lebensfunken.

Polarität

Alles in der Welt können wir sehen, aber nicht uns selbst, was wir in Wirklichkeit sind. Dieses unsichtbare Wesen suchen wir, dieses wollen wir sein. Solange wir etwas sehen, sind wir nicht unser SELBST. Der EINS-Zustand ist göttlich.

• • •

Frage: Befindet sich ein Chakra im Solarplexus?
Antwort: Nein, es ist aber ein sehr wichtiges, ein dichtes Nervengeflecht.

Hatha – HA = Sonne, positiver Pol, Sitz im Schädel
THA = Mond, negativer Pol, Sitz im Steißbein

Im HERZEN offenbaren sich Sonne und Mond zusammen.

Die beiden Kräfte sind da zusammen, im noch nicht geoffenbarten Zustand.
Wenn wir uns richtig auf das Herz konzentrieren, werden wir die Einheit der drei erleben.

Wo etwas geöffnet wird, ist es getrennt vom übrigen.
Nehme ich Gelb, bleibt Blau – nehme ich Rot, bleibt Grün.

Nichts können wir kennenlernen, ohne dass wir die rechte von der linken Seite trennen, ohne das eine vom anderen zu trennen. *Erkenntnis ist immer 2-seitig.* Wir Menschen sind getrennte Wesen.

Ich kann von außen her alles kennenlernen; ich kann aber auch in der Mitte sein = im FRIEDEN. Ohne herauszufallen, erschaue ich dann beide Seiten.

• • •

Der Mann offenbart die männliche Hälfte des menschlichen Wesens, in seinem Unterbewusstsein trägt er die Frau, das Weibliche in sich. Umgekehrt ebenso die Frau, die das Männliche in sich trägt.

Wir Menschen fallen oft von einem Extrem ins andere – aber erst in der Mitte werden wir objektiv.

Selbstanalyse: Wenn wir etwas offenbaren, suchen wir das Gegenteil davon in uns zu erkennen!
Alle Krankheiten stammen aus den zwei Extremen.
Heilung entsteht dadurch, dass ich etwas in mir bewusst gemacht habe und beide Seiten in mir finde.

Mars- und Venus-Kraft

Wie erkennen wir die Kräfte bei uns und bei den verschiedenen Menschen?

Wir erhalten die Kräfte aus dem Kosmos – der Himmel bewegt sich fortwährend. Es wurde bereits besprochen, in welchen Tierkreiszeichen die Planeten harmonisch wirken und wo nicht.

Konstellationen: Vergleich mit im Kreis angeordneten Wasserbahnen in sieben verschiedenen Farben (= Kräften). Die Intensität der Ströme variiert fortwährend, deshalb sind die Zusammenstellungen immer wieder verschieden, einmal Betonung auf Mars – heiß, einmal Betonung auf Saturn – kalt.

Weil der Himmel sich bewegt, die Planeten aufsteigen und Sinken, sodass sie uns flach, schräg bis senkrecht treffen, sind die Kräftezusammenstellungen in jeder Minute, an jedem Ort wieder anders. Die Konstellation bei der Geburt trägt der Mensch aber sein Leben lang mit sich – seine Grundbestimmung.

• • •

Ebenso: Wie die Atmung, wirken im Menschen zwei Hauptkräfte:
ICH-aufbauende Kräfte – ego-diastorische Kräfte, nach außen wirkend.

ICH-abbauende Kräfte – ego-systorische Kräfte, nach innen wirkend.

Wir können diese Kräfte nicht verdrängen – die Psychologen wissen, dass unerwünschte und daher verdrängte Kräfte durch die Verdrängung nur verstärkt werden.

Der Mensch kann also nicht anders sein, als er ist.

Goethe: „So musst Du sein, Dir kannst Du nicht Entfliehen."

Was können wir also machen? Wir müssen die Kräfte offenbaren, aber wie? Gefährliche Kräfte auf nicht Schaden bringende Weise offenbaren.

Die Wissenschaft will die vier Elemente nicht anerkennen, es sind aber vier regierende Hauptkräfte:

- feurig – cholerisch
- luftig – sanguinisch
- irdisch – melancholisch
- wässrig – phlegmatisch

Kräfte aufzuhalten oder zu verdrängen, macht krank. Sobald der Mensch eine irreguläre Kraft *nützlich anwendet*, entsteht kein Schaden.

Wenn der Mensch eine bestimmte Konstellation in sich trägt, so ist er in diesem Leben dafür nicht zu tadeln, aber es muss eine Form gefunden werden, wie er die ihm innenwohnenden Kräfte nützlich betätigen kann.

Alle Menschen sind zweigeschlechtlich, aber unser Körper offenbart nur eine Kraft, männlich oder weiblich.

Ein Mann, der zu viel weibliche Kräfte in sich trägt, sollte sich betätigen als

- Krankenpfleger,
- Koch, Konditor (Venus)
- Coiffeur

MARS-Kraft will immer etwas durchdringen. Wo zu viele solcher Kräfte vorhanden sind, um sexuell ausgelebt zu werden, nimmt der Mensch ein Messer und durchsticht einen Körper.

Es gibt Mörder, die nach dem Mord zusammenbrechen: Sie wollten nicht töten, aber die Kraft in ihnen war so schrecklich groß, dass sie dazu verleitet wurden.

Ein Kind mit zu starken Mars–Kräften darf man nicht strafen, sonst verdrängt das Kind. Ein Brett geben, wo es mit einem Hammer Nägel hineinschlagen und mit Zange nachher wieder herausziehen kann. So kann das Kind die Kraft ausleben und gesund bleiben – später wird es vielleicht Bildhauer.

Berufe für Mars–Menschen:

- Bildhauer
- Metzger
- Zahnarzt
- Chirurg

Ein Chirurg soll leidenschaftlich gerne schneiden, er muss seine Mars-Kräfte offenbaren – aber eben sozial angewandt.

HYSTERIE: VENUS-Kraft spielt hier eine große Rolle = sich zeigen wollen, exhibitioneller Instinkt. Dieser Drang kann sich in zwei Formen offenbaren: Bedecken – enthüllen.

Grund hysterischer Anfälle: Da, wo eine Frau ihre weibliche Hingabe nicht ausleben kann, reguliert die Natur dies durch hysterische Anfälle.

Berufe für Menschen mit Venus-Kräften:

- Schauspieler
- Mannequin
- Parlamentarier
- Caritative Vereine

Epilepsie: Menschen, die unbewusst jemanden hassen: Im Unterbewusstsein sammeln sich Kräfte, die er nicht ausleben kann. Zum Beispiel hasst ein Sohn unbewusst den Vater, der die Mutter quält. Weil er sich nicht klar werden will, dass er den Vater hasst, also verdrängt, kommt es so weit, dass er den Hass nicht mehr zurückhalten kann. Es wird ihm bewusst, und er rettet sich zu Gott, indem er das Bewusstsein verliert. Er taucht hinein in die Schicht seiner Seele, wo Gott wohnt.

Den Ärzten ist seit Langem bekannt, dass Epileptiker meist religiöse Menschen sind. Wenn diese Menschen wieder zu sich kommen, bringen sie etwas aus ihrem Zustand zurück,
ihrem Zurückgezogen-sein in ihr Innerstes.
Sogar Genialität kann diesen Ursprung haben.
(Napoleon, Dostojewski)

Krankheitsbilder

Die vorgenannten vier Kräfte sind alle göttlicher Wille. Missverstehen wir es nicht, wenn uns die extremen, unerwünschten Offenbarungen gezeigt werden: Wenn der Mensch unbewusst der Kanal dieser Kräfte ist, diese also blind walten, können sie für den betreffenden Menschen und für andere Schaden stiften. Sie könnten sich sogar satanisch auswirken. Wenn wir sie bewusst lenken, verhüten wir dies aber.

Hysterie: Die Auslese ist ein gesunder Instinkt bei Tier und Mensch, Hysterie ist aber ein Ausdruck des „Aus-dem-Durchschnitt-herausragen-wollens".

Pyromanie: (Das Feuer lieben)
Feuer ist die erste göttliche, geistige Kraft – aber unrichtig geleitet, stiftet sie Schaden. Pyromanie sozial offenbaren: Feuer im Ofen anzünden, Feuerwehrleute.

„Strielen": (Herumstreifen, ausreißen)
Viele Kinder, die zu Hause schreckliche Erlebnisse hatten, Ungerechtigkeit erleben mussten, verschwinden auf einmal von zu Hause.
Nicht nur Kinder, alle unsere großen Abenteurer wollten sich vor etwas retten, das sie nicht mehr aushalten konnten. KOLUMBUS hat lange mit Ausdauer gekämpft, um wegfahren zu können. Er war unglücklich, weil er Frau und Kinder verloren hatte – er fühlte sich nicht mehr an seinem Platz und wollte fortgehen – ohne diese Verhältnisse wäre es ihm nie eingefallen, wegzulaufen. Amerika zu entdecken, hat ihn aber nicht glücklich gemacht.

Epilepsie und Narkotika: Menschen, die nicht die Fähigkeit in sich haben, sich in die Epilepsie zu retten, greifen zu Narkotika.

Schizophrener Vektor

Wir haben alle in uns das Ich–Gefühl; aber wie bin ich? Der Mensch ist sehr selten damit zufrieden, so zu sein, wie er ist.

Für ein Tier stellt sich das Problem nicht, es erlebt das vollkommene Hund-Sein oder Pferd-Sein.

Nur der Mensch hat den Instinkt in sich, immer noch größer sein zu wollen. Es gibt allerdings auch Menschen, die großes Selbstvertrauen fühlen und mit sich selbst zufrieden sind.

Gott will sich durch den Menschen offenbaren, aber der Mensch soll sich immer mehr und noch mehr entwickeln, bis er die höchsten Eigenschaften in sich entwickelt hat.

Paranoia: Dort, wo ein Mensch immer spricht: „Ich, Ich, Ich…“, fängt der Größenwahnsinn an. Solche Menschen terrorisieren die anderen. Wir haben kein Recht, die Selbstständigkeit eines anderen Menschen zu unterbinden. Wenn jemand krankhaft bescheiden ist, so ist uns dies verdächtig. Dann trägt er Herrschsucht in sich, und es besteht die Gefahr, dass er von der Bescheidenheit ins andere Extrem fällt.
(„Fahrradfahrer“ = nach oben Bückling, nach unten drücken“).

Katotonie: Selbstvernichtungsdrang.
Wenn der Mensch sich in sein göttliches ICH retten kann, ist die Spaltung nicht mehr möglich.

Wir tragen zwei Gesetze in uns: Das Gesetz des Geistes.
Das Gesetz der Materie.

Wenn ein Mensch die zwei Gesetze klar in sich sieht und diese zwei Wege in sich getrennt hat, also in der Mitte steht, läuft er Gefahr, einmal herauszufallen auf die Seite des Geistes, einmal hinüberzufallen in die Materie – das winzige Mittel dagegen ist das Bewusstsein: *Ich bin, was ich bin* – ich darf aus meinem Ich nicht herausfallen. So wird ein Mensch nie schizophren.

Wenn ein Mensch das Ich-Gefühl noch hat, kann ihm geholfen werden. Wenn nicht, dann müsste ein Wunder geschehen, damit das persönliche Ich das göttliche ICH irgendwie erreicht – dass CHRISTUS ihn anrührt.

Nie sollten wir uns mit unseren Leidenschaften identifizieren. Das Ich kann sich in bis zu sieben diverse (verschiedene) Persönlichkeiten spalten.

CIRCULARER VEKTOR

Wir Menschen sind Wiedergabe-Apparate des einen göttlichen ICH. Der Apparat kann eigene Vibrationen haben – diese können so stark sein, dass man nur diese Vibration hört.

Entwicklung: Das göttliche Ich immer klar wiedergeben. Der klare Spiegel, so klar, dass wir gar nicht sehen, dass es ein Spiegel ist.

Wir sind alle miteinander verwandt, weil wir alle dasselbe göttliche Ich offenbaren.

Das BLUT ist eine geheimnisvolle Flüssigkeit, es zirkuliert in unserem Körper, auch im Gehirn, es kann auch Gedanken hervorbringen, hervorrufen. In unserem Blut tragen wir auch die tiefsten Gefühle, das Gefühl, dass wir irgendwo hingehören – da, wo wir durch unser Blut gebunden sind.

Die kindliche Gebundenheit an seine Mutter. Wöchnerinnen sollten ihr Kind im gleichen Zimmer haben. Kleine Kinder leiden, wenn sie von der Mutter getrennt sind.

Ein Mensch, der die natürliche Ablösung von den Eltern nicht erlebt, weil er die Liebe nicht gehabt hat, von der er sich hätte ablösen können, trägt immer Unruhe in sich.

DEPRESSION:	Menschen, die sich nicht von der Familiengebundenheit lösen konnten.
MANISCH:	Gegenteil – ein Mensch, der immer mit seiner Freiheit prahlt, er will die ganze Menschheit von sich abschütteln. Aus Trotz stößt er die Menschen vor den Kopf. „Épater le bourgeois" – den Bürger beeindrucken wollen – maniastisch.

Fragestunde

Drei alte alchemistische Symbole:

🜍 Sulfur	= Seelisches Element
🜔 oder 🜔 Salz	= Erde, materielle Ebene
☿ Merkur	= Verstand
alle drei	= der Stein der Weisen

Warum durften Adam und Eva nicht von den Früchten vom „Baum der Erkenntnis“ essen?

Einleitung: Essen = sich etwas einverleiben.
Man kann es dann niemand anderem mehr anbieten. Wenn ich etwas esse, identifiziere ich mich damit. Was wir essen, das sind wir.

Essen wir einen Apfel mit einem Wurm drin: Auch der Wurm schmeckt wie ein Apfel, weil er sich vom Apfel genährt hat.

Der Mensch darf von den Früchten vom „Baum der Erkenntnis“ nicht essen. Er darf sie nicht in sich verbergen noch zu selbstsüchtigen Zwecken ausnutzen.

Adam und Eva waren nicht göttliche Menschen (der göttliche Mensch hat keine Wünsche). Im Paradies waren sie Mann und Frau in einer Wesenheit – dadurch, dass sie von den Früchten gegessen hatten,

wurden sie in zwei Geschlechter getrennt, der Mann für sich und die Frau für sich.
Später bekamen sie Söhne.

Im Moment der Trennung hat der Mensch in sich die zwei Gesetze: Geist und Materie.
ABEL: Geistigkeit (Rauch nach oben)
KAIN: Materie (Rauch nach unten)

Man soll die Früchte an die Menschheit weitergeben!

Immer, wenn wir ein Symbol der Bibel verstehen wollen, müssen wir die Geschichte der Menschheit studieren. Primitive Menschen = Tier und Verstand. Der erste Mensch, der etwas mehr Verstand hatte als der andere, hat es ausgenützt.

Von den Früchten zu essen bedeutet: Das Wissen egoistisch auszunutzen, es darf nicht sein, dass die anderen draufzahlen.

Eine Entdeckung der Wissenschaft nicht bekanntzumachen, ist satanisch. Sie soll als Geschenk an die Mitmenschen weitergegeben werden.
Wo immer der Mensch einen Lebensweg zum Selbstzweck macht, (wie Arterhaltung-Selbsterhaltung, Genießen-wollen – Genusssucht, also Selbstzweck) vergisst er, dass er ein geistiges Wesen ist. Der Mensch wird unbewusst und fällt zurück in die Materie.

Sterben: Der Mensch wird unbewusst.
Wenn dem Menschen bewusst wird, dass er nicht Materie, sondern GEIST ist und sich identifiziert, dann ist er unsterblich. Er wird den Körper am Lebensende abstreifen, aber nicht sterben.

• • •

Wie erkenne ich, wie etwas ist? Wie groß, wie klein wie gut,
wie böse?
Nur durch Vergleichen!

Erkenntnis kann ich nur dadurch haben, dass ich die zwei Seiten erlebe. Alle physischen Gesetze, die wir kennen, sind richtig für unsere Welt.

Das Wasser ist immer waagerecht – in unserer Welt, im Tautropfen finden wir das Wasser in Kugelform. Die Oberflächenspannung ist so stark, dass sie das Wasser zusammenhält.

Eisen ist schwerer als Wasser – aber:
Eine Nähnadel schwimmt auf dem Wasser.
Das Verhältnis hat sich geändert: Die Oberflächenspannung wirkt stärker als das Gewicht.

• • •

Wenn ich eine Melodie höre, was höre ich? Töne.
Dieselben Töne können nichtssagend sein – die besondere Weise der Verbindung der Töne ist es, die uns beseligt.

• • •

Wir können etwas Schönes oder Gutes verderben, indem wir das Verhältnis ändern.

Buchstaben-Symbolik I

Es ist ein Versuch, denn in der deutschen Sprache ist es schwer, die Ur-Bedeutung ging teilweise verloren. Es sind schon eine Reihe von Fälschungen entstanden. Die Ur-Sprachen, auch die ungarische Sprache, sind viel besser.
(Englisch: Eine Bastardsprache, eine verkürzte Sprache).

LOGOS = Schöpferisches Prinzip, die ganze Welt durchdringend, aus jedem Punkt strahlt es aus. Wo Pflanze, Tier oder ein Kind „aufgebaut" wird, wirkt diese Kraft.
Die erste Offenbarung der Logos-Kraft: Laut, Ton, Schwingung.
Die Bestandteile des Logos sind Buchstaben – wir sollen nicht erst die Wörter verstehen, sondern bereits die Laute und Buchstaben.
Die Menschen haben früher gefühlt, aus welcher Kraft etwas aufgebaut wurde, und die Wörter entsprechend gebildet.
Wie entstehen die Buchstaben?
Stellen wir uns eine Fläche vor und dahinter die Kräfte, die sich offenbaren wollen. Diese Kräfte werden immer stärker, gerade darum, weil sie aufgehalten werden.

Überall, wo eine Kraft als erste Offenbarung sich zeigt:

| = I da, wo wir einen Samen in die Erde legen,
in dieser Form | kommt die Pflanze aus der Erde heraus.

I A O: Dies sind die drei Urlaute
Urbuchstaben
(Es sind auch die ersten Laute, die ein Säugling von sich gibt.)

Je entwickelter ein Tier, desto mehr Laute/Töne gibt es von sich. Denken wir an das Wunder, dass wir sprechen können!

„Ich bin das A und O" – die Spirallinie fängt bei A an.
Krishna: „Ich bin der Anfang, Mitte und Ende von allem."

I E O U A = JEHOVA (U = H göttlicher Hauch)

Im hebräischen Alphabet bedeutet der Buchstabe S = Feuer
(שׁ Schin – Feuer – Geist Gottes)

Der Mensch kann Gott nur erleben, wenn er Feuer wird. „Ich werde euch mit Feuer taufen", daher der Name für Jesus (göttlicher Mensch).

I E H O S U A (Jesus)

Jeder Buchstabe bedeutet:	Ein Buchstabe Eine Zahl Ein Begriff
Zahlenumbildung:	Wenn 285 eine göttliche Zahl ist, so ist, der Kabbala entsprechend, 582 die satanische Zahl.

O ist immer vollkommen ausgefüllt
Ö ist auch rund, aber innerlich leer
ö umarmt ein O; dass der Inhalt außen ist, liegt in den .. Pünktchen oberhalb des O(ö) angedeutet.

Ü ist dünner als U

O Sonne – in sich ruhende, ausgewogene Kraft

I Mars – die erste Kraft (rennen, reiten, rasen)

A Jupiter – Stabilität, Weisheit

E Merkur – Hermes, der läuft und läuft

U Mond – die Kraft, die alles empfängt und zurückgibt als Kind

Ö Venus – Die Runde, sanfte, zarte, sie umarmt alles, was männlich ist.

Ü Saturn – dünn und schmal

Kirchenbau in der 3-Teilung:

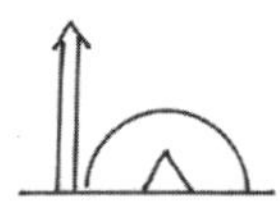

I Mars-Kraft

A Jupiterkraft

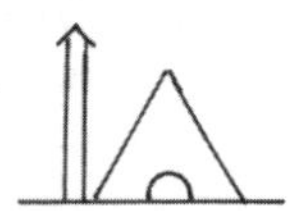

O Sonnenkraft

In den meisten Sprachen wird das Selbst mit einem Wort bezeichnet, das mit **I** gebildet ist:

Ich (Selbst und Hauch Gottes)
Io (Italienisch)
I I (Englisch)
Ja = positive Offenbarung
Igen – Ungarisch für Ja.

Ishvara = indisch für schöpferischer Gott (geistiges Feuer)

- Impuls
- Industrie
- Irritation
- Blitz
- Fieber (Feuer im Körper des Menschen)

O voll, Wort, Gott, Dom, Brot, Ort, Mond, Boden, Loch, Tor, Klotz, Kropf, Kogel (jetzt Kugel)

Ö Höhle, Öde, tönern, töricht, blöd, böse, Hölle, Flöte, Börse (Hülle für das Gold), schön (eindeutig Venuskraft)

Ä ist kein Urbuchstabe

E gehen, Weg, Seele, Ewigkeit, Ebene, Elend, Ehe, wehe, Breite, Weite, Egge
sprechen – reden – lesen (alle drei typisch Merkur)

Ü dünn, dürr, Tür (enge Öffnung)
(Saturn – kalt, steif, ausgetrocknet)

U Brunnen, Krug, Ruine, Luna, Glut, Gurgel, rufen, Uterus, dumm, durch, Bucht

A ab und auf (wie auf einer Leiter: Auf der einen Seite hinauf, auf der anderen Seite hinunter).
Wandern, fahren, Gang, Stand, Arm (Arm im Winkel)
Alter, Vater, Rat, halten (Weisheit/Jupiter)
Apfel (typische Jupiter-Frucht), Alpen

B Berge
Busen, Bauch, Backen, Blume,
Bohne, Blase, Birne, Bäcker, Brahman

C das | wurde umgebogen, zu einem Bogen
Centrum, Circel, Circus, „Court“, Coeur-Herz

L Labilität (Venuskraft),
Sehr graziös, es steht nie stabil auf den Füßen,
Bewegung in Wellenlinien, la la la la…, Lallen,
Latitüde, Libelle, locker, Leben, Liebelei,
Lau, Laub am Boden, Lump, Luft, Lunge,
mild, lässig, Schleier, Schlummer, Schlitten, Wellen

H wunderschöner Buchstabe: HINGABE
Die Liebe ist das Leben selbst.
Wir Menschen sind eins | mit Gott |.
Die Verbindung leitet die Kraft |-| = H

Dasselbe im Mutterleib, Verbindung durch die Nabelschnur.
Hauch, heilig, hoch, Höhe, helfen, Hilfe, Halt

Sommerschule (1985)
Foto: Urfer, Ponte Tresa

Buchstaben-Symbolik II

Die Griechen hatten in ihrem Alphabet zwei **O**

- das kleine o / Mikrokosmos
- das große O / Makrokosmos

Der Mensch ist der Mikrokosmos im Makrokosmos.

D Dick, Drang, Dampf, durchdringen, Druck, Dank,
dulden, Dumpf, drücken, Drama (Spannung)
Denken – Dichten
Merkur – Intuition, die Kraft, die aus dem Mittelpunkt stammt.

F ist die Fortsetzung von **P**
P p = platzt, pfeiffen, Pfeffer, Pflaume,
Pferd, Kopf

P F F Pfarrer, Pfau, Pflicht,
Pater, Person, Pack, Perle, Punkt,
(die Kraft, die herausfällt, kommt von oben,
es will sich etwas offenbaren, das hoch steht).

Frucht, fallen, Fels, Fackel, Fürst, Führer,
folgen
Friede, Freude,
Aufgabe, Erfüllen,

G Wenn wir etwas wegwerfen, fällt es herunter
und macht **G gggggg…**
Gaia (für ERDE in der Mythologie)
also eine Kraft: Klingen, Glocke, Gang, Gong
Gaumen, Gurgel, Griff, greifen, graben, Begegnung, Gegner

Glück – Geist – Gott
Gebet

J bedeutet: **i** zur Erde gebunden,
in der Materie fixiertes **i** = **je**
(Jesus: Die göttliche Kraft in einer
Person fixiert).
Jünger, jüngere, JAR ungarisch für Gang (von gehen)

K Es ist immer eine Grenze, z.B. mathematische Klammer ( ) etwas, das eingeklammert ist oder eingekreist ist.

Kammer, Korrosion, Kopf
Krone, Kirche, Kardinal, König, Kaiser
Kerker, Kreuz
Kunst
K U H

M In der Mitte (das Zentrum) sind die Schwingungen sehr kurz, nach außen werden sie langsamer und an der Peripherie bildet sich der Abschluss M.
Etwas, das mütterlich etwas in sich hält.
Mater, Materie, Mutter, Mond
Meer (die große Mutter)
Milch

Mond (crescendo – decrescendo)
anschwellend – abschwellend
D Mondkraft
Luna U auch Mondkraft

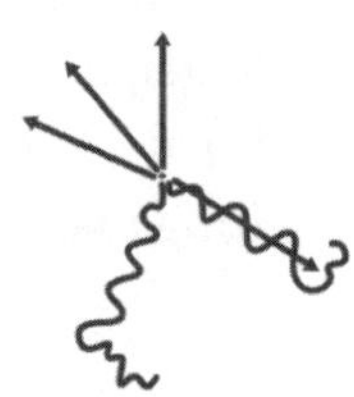

Macht, Muschel, Mund, Mumie
les Montagnes (fr.: das Gebirge) (man fühlt die Rinde der Erde)

N = ein I und eine absteigende Linie und wieder ein I,
also das I, zu der eine fremde Kraft hinzukommt, und es wird eine andere Richtung  gegeben.

Negieren, nein, non, niemand, Negativität
Nehmen, nie, never, no,
Nacht, Nebel, nirgends,
Null (null und nichtig).
Name (es ist nicht das, was wir nennen wollen)
Neu (enthält die Änderung, negiert wird das Alte)
Knie
Satan ist das Gesetz der Materie.

R **I** (Mars-Kraft) geht vorwärts und rast durch das Weltall.
R auch Mars-Kraft, die sich überall hineinbohrt.

Wir finden eine Kraft, die nach hinten, also rückwärts stößt.
Bewegt sich von selbst fort, bleibt nicht am Ort.

brennen, Brunst, rot, Pyromane
Rost (Eisen, das „brennt“)
Reiz, Regung, reiben, Reue (etwas, das uns nicht in Ruhe lässt)

Ruhe
Frieden **r** in Ruhe und Frieden bedeutet: Wir müssen es selbst schaffen, erst dann haben wir die Ruhe, den Frieden.

Raspel, Ruf, ringen
Kraft, Ruhm, Krieg, *guerra* (span.: Krieg),
war (engl.: Krieg)

S (Sch ausgesprochen) ist immer verwandt mit Mars-Kraft

Die Schwingung wird größer/langsamer
Die Schlange bewegt sich auch so vorwärts.
S noch durchdringender als R, weil **S** geistig ist.

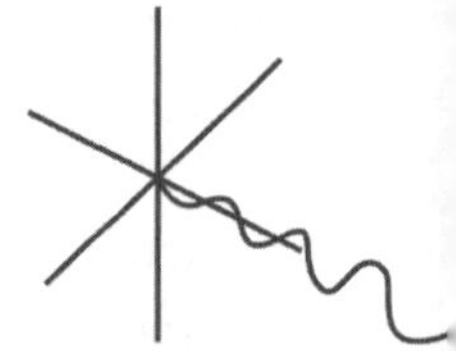

In allen Sprachen vertritt **S** die Sonnenkraft/Geist, je schärferes **S** desto durchdringender, desto geistiger.
Völker, die den Buchstaben **S** locker sagen, also nicht scharfes **S**, verlieren den Kontakt mit dem Geist.

S hört man weit herum: Die Grille zirpt leise, wenn wir sie in der Hand halten, je weiter weg wir von der Grille sind, desto lauter und durchdringender ist der Laut.

Sonne, Sieg, Saat, Säbel
Surya (Sanskrit für Sonne)
Reißen, Spur, durchsausen, essen, schießen
Schwert, das flammende Schwert des Erzengels Michael (Sonnenengel, der das Paradies bewacht).

T Saturn, ohne **T** können wir nie zurückkommen.
Es sind immer zwei Extreme: Mit dem Schlüssel (Petrus hat den Himmelsschlüssel) können wir eine Türe schließen, aber sie auch aufmachen.
Das Gesetz der Materie ist Zusammenziehung (durch Kälte) – wenn wir die zusammenziehende Kraft noch mehr forcieren, dann ergibt sich die Emanation: Die Kraft wird wieder herausgeschleudert.

Die Wissenschaft bestätigt immer nur, was die Eingeweihten innerlich erlebt haben.

T Petrus: Gottes Offenbarung durch die Materie
Festigkeit, Träger, Tod, Teufel, Satan
Trost (Zuversicht)

S	**T**	N
Geist	Negierung	Tod

Petrus wurde mit dem Kopf nach unten gekreuzigt.
Die erste Offenbarung erzeugt Zeit und Raum.
Petrus = Saturn-Kraft / Fels, härteste Materie, die äußere Finsternis, dort, wo die Materialisation zu Ende ist.

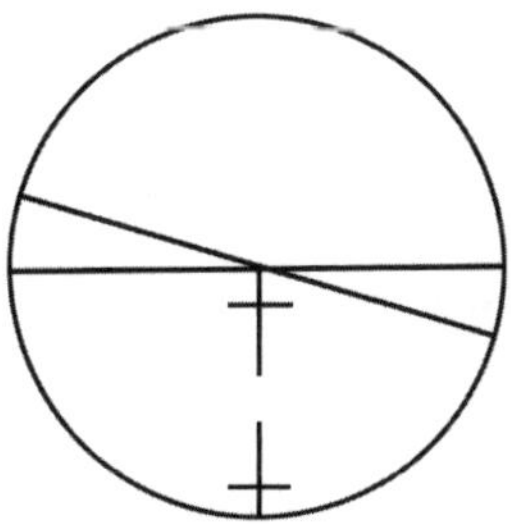

Satan und Luzifer

Was ist Satan?

Die landläufige Auffassung: Gott ist das Prinzip des Guten,
Satan ist das Prinzip des Bösen.

Diese Auffassung ist falsch!

Wohl fühlt der Mensch diese zwei Mächte in sich, daher projiziert er dies so nach außen.

Es ist aber alles vollkommen, auch wenn wir es nicht als vollkommen auffassen. Daran sind wir schuld, denn unsere Auffassung ist falsch. Die Dinge sind nicht schlecht, sondern nur, wie du über die Dinge denkst.

„Ich bin ein Teil von jener Kraft, die stets das Böse will,
doch stets das Gute schafft"
– Goethe im Faust.

Satan wäre auch auf der Welt, wenn keine Menschen existieren würden. Ohne Spannung, also ohne Satan, ist kein Leben in der Materie.[39]

Diverse Äußerungen zum Thema:
Alles, was uns an die Erde heftet, ist Satan.
Wir können aber auch durch eine himmlische Mission an die Erde gebunden sein.

39 Noch einmal zur Erinnerung die Aussage von E. Haich: „Gott schleuderte im Anfang eine Kraft aus sich heraus, … auf dieser Spannung werde ich meine Schöpfung aufbauen." Die erste Offenbarung erzeugt Zeit und Raum.

Durch den Geist geschaffen, wird Satan durch den Geist beherrscht und durch seinen Willen wieder ausgelöscht.

Satan ist so lange Satan, als wir ihn nicht kennen. Wenn wir ihn erkennen (die Kraft, das Prinzip erkennen), können wir ihn gebrauchen, dann ist er uns ein guter Diener.

Satan ist der Schatten von Gott/Christus.
Satan ist die Nachtseite Gottes.

Alles, was eine Existenz hat, ist göttlich, also nicht Sünde, nicht Bosheit, sondern eine falsche Offenbarung.

Noch niemand hat Satan gesehen, der lebendige Satan kann sich nur durch Menschen offenbaren.

• • •

SATAN / LUZIFER	sind verwandt, aber nicht ein und dasselbe. LUX – Licht Luzifer – der Lichtträger Luzifer ist das Gesetz der Materie, aber nicht lebendig gewordene Materie; so wie Satan durch unser Wort und Tat sich in der Materie offenbart.

Luzifer ist nicht satanisch, er ist der *Träger des Lebensstromes* (so wie der elektrische Glühdraht, durch den Strom hindurchfließt).
Wo kann Luzifer sich in uns offenbaren? In unserem Verstand.
Geist + Materie = das Licht des Verstandes.

Wie wird Licht aus dem elektrischen Strom? Dadurch, dass der Strom im Draht auf Widerstand stößt. Je größer der Widerstand, desto mehr glüht der Draht.

LICHT setzt Widerstandskraft und Energie voraus.
Leben kann nur göttlich sein, es kann sich mit der Materie bekleiden, aber es ist nicht Satan.

Satan ist selber die Kraft der Materie, die zusammenziehende, widerstehende Kraft.

Wie die Farben Bestandteile des Lichts sind, so sind die Engel und Satan verschiedene Offenbarungen Gottes.

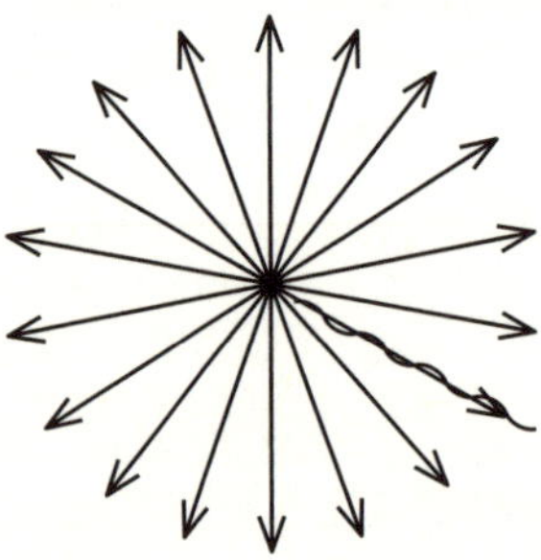

Jeder Mensch hat sein Zentrum, das ICH.
Nur der Körper ist sichtbar und materiell.
Wir können uns das ICH auch außerhalb des Körpers denken, aber normalerweise strahlt das ICH durch den Körper von seiner Mitte aus.
Solange wir im Körper leben, bildet dieser mit dem ICH eine Einheit.
Das göttliche ICH strahlt aus und hat eine Grenze: die körperliche Form.

In jedem ZENTRUM, sei es das ICH im Menschen oder die Erdkugel, sind stets innen die Schwingungen am Höchsten; während des Ausstrahlens werden sie geringer.

Die Erde hat in ihrer Mitte GAS (eine Materie, wo die Moleküle einander stoßen).

Die nächste Stufe: FLÜSSIGKEIT (eine Materie, in der sich die Moleküle schon besser vertragen, sie sind aber noch ziemlich weit weg voneinander und daher beweglich).

Die 3. Stufe: Die Materie zieht sich immer mehr und mehr zusammen, wird dichter:

MATERIE (die Moleküle lieben einander, sie kommen sich näher – wie die Soldaten marschieren sie zusammen).

Was zieht die Materie zusammen? Die Kraft SATAN.

Der Gegensatz dazu: Der GEIST stößt alles von sich aus.

Beispiel: Es ist warm, und die Küken laufen auseinander.
Ist es kalt, so bleiben die Küken beisammen und schmiegen sich aneinander.

Die zusammenziehende Kraft, durch welche die Materie entsteht (Moleküle erleben vollkommene Ruhe) – diese Kraft, welche die Materie überhaupt schafft, nennen wir Satan.

Solange nur Materie da ist, ist Satan ein sehr gutes Wesen, sonst würden die Moleküle ins Weltall hinausgeschleudert – die Widerstandskraft von Satan hält alles zusammen.

Der Mensch hat beide Kräfte in sich: Die eine Kraft, die sich ausstrahlen und die Einheit erleben möchte – die andere Kraft, die zusammenziehende, die satanische Kraft.

Solange wir im Körper leben, so lange ist Satan in uns lebendig. Wenn der Mensch stirbt, muss die Form wieder zurück in die Materie – im Moment, wo der Geist sich zurückzieht, ist Satan wieder tot.

In allen heiligen Büchern finden wir dies, dass es drei Tage dauert bis zur Auferstehung (des Geistigen).

Warum wird der Körper eines Toten zuerst fest/steif und nachher wieder weich?

Beim Tod zieht sich das Leben, dass sich bisher nach außen geoffenbart hat, vollkommen zurück in die Materie. Der Körper erlebt das vollkommene Gesetz der Materie – er kann sich nicht mehr als Geist offenbaren (denken, sprechen, wirken).

Dadurch, dass er Satan erlebt und doch in dem Körper eingesperrt ist: Zusammenziehen, Abgründe, Versteifung der Kraft. Die Steifheit also ist ein Zeichen, dass der Geist noch im Körper ist. Alle Geistmenschen haben dies erleben müssen – es dauert drei Tage, bis die Auferstehung möglich ist. Nach drei Tagen zieht sich das ICH aus der Hülle zurück und geht zurück zu Gott. Dann erst fällt auch der Leib zusammen, die Verwesung setzt ein.

Geistigkeit ist von Gott ausgeliehenes Leben.

• • •

Die Versuchung:
Jeder Mensch trägt in sich das Göttliche und das Satanische – deswegen nur erkennen wir aus uns heraus das Gesicht, sowohl von Christus als auch von Satan.

Wir hören in uns die Stimme zum Guten.
Wir hören in uns auch die Stimme zum „Genießen", Satan versucht uns nur durch die Materie/die Kreuzigung des Geistes!

Was bedeutet „heilig" werden?

Es gibt viele Menschen, die denken wie die Heiligen, ohne es zu sein. Ein Mensch wird erst dadurch heilig, wenn „aus dem **Wort** (Logos) Fleisch geworden ist".

Wir müssen Satan nicht ausweichen, sondern ihn erkennen und besiegen. Nur durch diese Kraft der Zusammenziehung führt der Weg zurück zu GOTT.

Der Stein der Weisen

Satan ist das – durch den in die Materie gekleideten Geist lebendig gewordene – Gesetz der Materie.

Saturn-Kraft ist Gesetz Gottes.
Satan ist eine durch den Geist lebendig gewordene Kraft.

Luziferisch sind Verweigerung, Opposition, Verneinung.

• • •

Wie entsteht der grüne Schatten bei rotem Licht?

Im Licht ist rot und grün in einer Einheit. Wenn wir eine Farbe zurückhalten, bleibt die andere übrig. Wo immer wir aus der Schöpfung etwas herausnehmen, bleibt das Negativ zurück.

• • •

Der Stein der Weisen
In der Bibel wird gesagt, wir sollen unser Haus nicht auf Sand, sondern auf Felsen bauen, also auf etwas Zuverlässiges, etwas ganz Festes. Wenn wir geistige Schätze sammeln, bauen wir ein „Haus auf Fels". Alles kann der Mensch verlieren, aber seine Erfahrungen kann ihm keiner nehmen.

• • •

Vergleich: Zwischen sterblich und unsterblich:
Ein gewöhnliches, magnetisches Eisenstück.
Die magnetischen Eigenschaften, die das Metall durchdringen, sind wie der GEIST alles durchdringend.

Ein Magier zu Ende des 19. Jahrhunderts hat hundert Punkte aufgezählt, wodurch sich ein göttlicher Mensch auszeichnet – vor allem allwissend, allmächtig, unsterblich (= göttlich).

Ein solcher Mensch hat so viel Menschenliebe, so viel Anziehungskraft, dass er alle Kranken heilen kann. Er kann unvorbereitet jederzeit von der Wahrheit sprechen – weil er sie in sich hat.

Es ist ein bestimmter Prozess, durch welchen der Mensch so wird: Die Alchemisten wussten es und sprachen vom Stein der Weisen.

Heute weiß die Wissenschaft, dass wir in unserem Blut KRISTALLE von den sieben Metallen haben (Eisen, Zinn, Kupfer, Quecksilber, Silber, Gold und Blei).

Unsere moderne Wissenschaft ist aufgeteilt in Fachgebiete – die alten Weisen kannten die Zusammenhänge, sie wussten alles. Die PHARAONEN waren Eingeweihte, sie waren Wissenschaftler, Priester und Ärzte in einer Person.

Die Alchemisten nannten sich auch Freimaurer. Sie haben genau die Gesetze gekannt und wussten, dass es nur eine einzige Materie gibt und die Unterschiede nur darin bestehen, wie man heute wissenschaftlich herausgefunden hat, dass die elektrischen Ladungen verschieden sind. Vom elektrischen Strom in der betreffenden Materie hängt alles ab, ob es sich um Blei, Gold, Platin oder um etwas anderes handelt.

Die Alten kannten nicht die Elektrizität wie wir heutigen Menschen, aber sie wussten um die betreffenden elektrischen Kräfte, das erklärt, warum sie vom feurigen Wasser oder wässrigen Feuer sprachen.

Außer den Hormonen haben wir Menschen unter anderem feine metallische Kristalle im Blut. Wenn ein Mensch zu viel Blei in sich hat, ist er zu sehr materiell. Sonnenschein, materialisiert, wird zu Gold. Der Mensch kann aus all diesen sieben Metall–Kristallen Gold machen, was seiner Unsterblichkeit gleichkommt. Bereits Silber ist für seine reinigende Wirkung bekannt. Gießen wir ein bazillenreiches Wasser in ein Silbergefäß, so ist nach vierundzwanzig Stunden das Wasser rein.

Die Alchemisten haben den Prozess gekannt, wie man im menschlichen Körper aus den verschiedenen Metallen GOLD macht. Dadurch wurden sie immer durchgeistigter.

Die Finsternis hat das Licht nicht angenommen. Das bedeutet, der Unwissende lebt, aber er versteht die Dinge nicht, er kann das Licht nicht offenbaren.

Radioröhren sind den menschlichen Chakras vergleichbar.

Wenn ein Mensch das allerletzte Stadium erreicht hat, hat er „den Stein der Weisen“ – Umwandlung aller Metall-Kristalle in Gold-Kristalle – erreicht. Sein Körper verwest nach seinem Tod nicht.

Durchgeistigter Mensch = magnetische Kraft: Stein der Weisen.

Dieses Geheimnis, Gold im Menschen zu machen, ist das eine, das andere war, dass jene Menschen auch Gold außen machen konnten. Paracelsus hat auch Gold machen können – aber Unsterblichkeit im Körper und Gold interessierten solche Menschen nicht. Sie ziehen das Weiterleben im Geist vor.

• • •

Eine Geschichte

In Ungarn lebte ein Freiheitsheld, ein selbstloser, sehr hoch stehender Mensch, ein Prinz. Er wollte die Ungarn befreien, musste dann aber aus dem Lande gehen. Er ging in die Türkei, in ein Derwisch-Kloster. Eines schönen Tages nahm er Abschied von seinen Leuten und Dienern, um zu sterben. Er schaute aber noch jung und gesund aus.

Im gleichen Jahr tauchte in Frankreich Graf Saint Germain auf. Auch dieser starb, ohne dass jemand seinen Leichnam gesehen hätte.

Dann tauchte in Russland ein Graf auf, dessen Ähnlichkeit mit Graf Saint Germain auffallend war. Er hat nie vor anderen Leuten gegessen.

In Tibet leben heute noch 800-jährige Menschen (sie haben eine besondere Aufgabe). Die Zellen solcher Menschen sind anders als diejenigen der sterblichen Menschen. Sie dürfen aber keine Nahrung zu sich nehmen, die verwest, sonst würde ihr Körper wieder sterblich.

Das Geheimnis der Rosenkreuzer

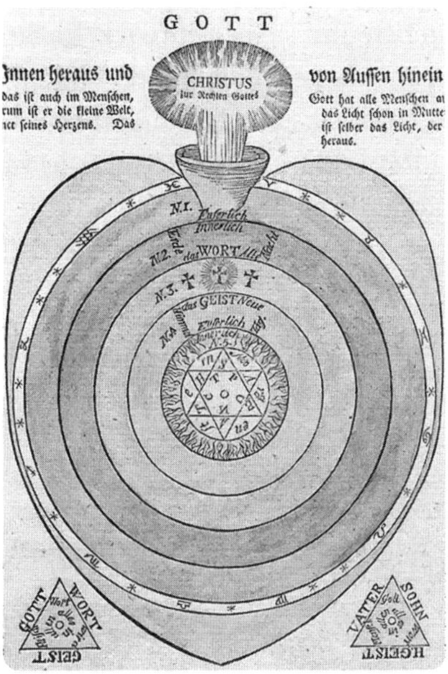

Frau Haich zeigt Lichtbilder aus einem Buch der Rosenkreuzer.[40]

Jeder Mensch hat seinen äußeren Weg, Beruf, Familie etc.
Jeder Mensch hat aber auch seinen inneren Weg, wenn dies auch nicht allen bewusst ist.

Bild eines Herzens mit 7 Ringen, entsprechend den 7 Stufen:

1. Stufe: Der Mensch, der sich von seinen Trieben (äußerlich) lenken lässt. Diese Menschen sind sich nicht bewusst, dass alles, was sie wollen, aus dem Triebleben stammt.

2. Stufe: Der 2. Ring stellt symbolisch diejenigen Menschen dar, welche angefangen haben zu denken. Diese suchen nach dem Grund, warum (innerlich) die Dinge so sind, warum sie leben; also die suchenden Menschen, die aber noch nicht aus der Blindheit herausgewachsen sind. Sie sind noch sehr isoliert, intolerant.

40 Die geheimen Figuren der Rosenkreuzer aus dem 16. und 17. Jahrhundert.

3. Stufe: Die Morgenröte dämmert – diese Menschen haben schon eine Ahnung, was Christus ist, der wahre, lebendige Christus.

(Golgatha) Diese Menschen sind aber sich selbst und anderen ein Kreuz – es fehlt ihnen die Einsicht, dass man den Menschen Zeit lassen soll, ihren Weg zu gehen und sich zu entwickeln. Sie glauben, die anderen seien sündig – und bemerken nicht, dass sie selbst sündigen, weil sie selbst noch intolerant sind.

4. Stufe: Diese Menschen tragen FRIEDEN und Ruhe in sich, in ihrem Herzen. Sie sind mit der Welt und sich selbst ausgesöhnt.

5. Stufe: Der Mensch fängt an zu brennen, das Menschliche fällt an ihm herunter – er wird göttlich.

6. Stufe: SAMADHI

7. Stufe: MORGENRÖTE

• • •

Der Baum der Erkenntnis des Guten und des Bösen.[41]

Das Wissen trägt in sich die Versuchung zur Verführung (Egoismus).

Links und rechts greifen je drei Hände an den Baum mit seinen Früchten. Von oben, in der Mitte, greift eine Hand zu der Mitte des Baumes, die Wurzeln greifen teils in den Kreis links (-) (Licht – Ruhe – Harmonie), teils in den Kreis rechts (+) (Chaos).
Kleinere Augen in den unteren Kreisen: Das Auge (Universale) im kleinen Kreis in der Mitte sieht das wahre Bild.
STU DI UM = Lernen und Erfahren mit Gottbewusstsein

Frau Haich empfiehlt, lange über diese Bilder zu meditieren.

---

41 In „Einweihung" S. 201 schreibt Elisabeth Haich später dazu: „Die Schöpfung – die erkennbare Welt – ist gleich einem Baum; rechts trägt er positiv-gute und links negativ-böse Früchte. Aber beide Seiten stammen aus demselben Stamm, aus derselben Einheit.
Die ganze Schöpfung ist der Baum der Erkenntnis des Guten und Bösen! Der Schöpfer – GOTT – ist aber keine aus der Einheit herausgefallene und von ihr getrennte, folglich erkennbare Hälfte der Einheit, sondern GOTT ist die Einheit selbst. Er steht über allem Geschaffenen, aus der Einheit Herausgefallenen und ruht in sich in vollkommener Einheit. Er ist das Nichts, dem das All entsteigt und sich offenbart, aber in Ihm sind Nichts und ALL ungetrennte, göttliche Einheit.
Schöpfung bedeutet immer nur die eine aus der Einheit herausgefallene, durch das Vergleichen erkennbar gewordene Hälfte der Ganzheit, deren ERGÄNZUNGSHÄLFTE im UNGEOFFENBARTEN geblieben ist. DARUM kannst du GOTT – den Schöpfer – in der Welt der Schöpfung nie finden, nie erkennen, weil Gott keine ergänzende Hälfte hat, mit der man Ihn vergleichen könnte. Es gibt überhaupt keine Möglichkeit, Ihn zu erkennen – Gott kannst du nur sein!
(...) Es gibt nur ein ewiges Sein – nur einen Gott. In allem, was lebt, lebt dieses eine, einzige Sein – lebt dieser eine, einzige Gott. Gott ist die unteilbare Einheit. ER ist überall gegenwärtig. ER erfüllt das ganze Universum. Das ganze Weltall lebt, weil Gott es mit seinem eigenen, ewigen Sein belebt.
Gott ist also wie ein Baum aus Leben, ein Lebensbaum, der sein eigenes Wesen der geschaffenen, erkennbaren, von ihrer Ergänzungshälfte abgespaltenen Welt – also dem Baum der Erkenntnis des Guten und Bösen – hingibt und ihn belebt. Der Erkenntnisbaum, die geschaffene Welt, lebt überhaupt nur dadurch, dass der Baum des Lebens – Gott – sein eigenes Leben in seine Adern einflößt, in ihm lebt."

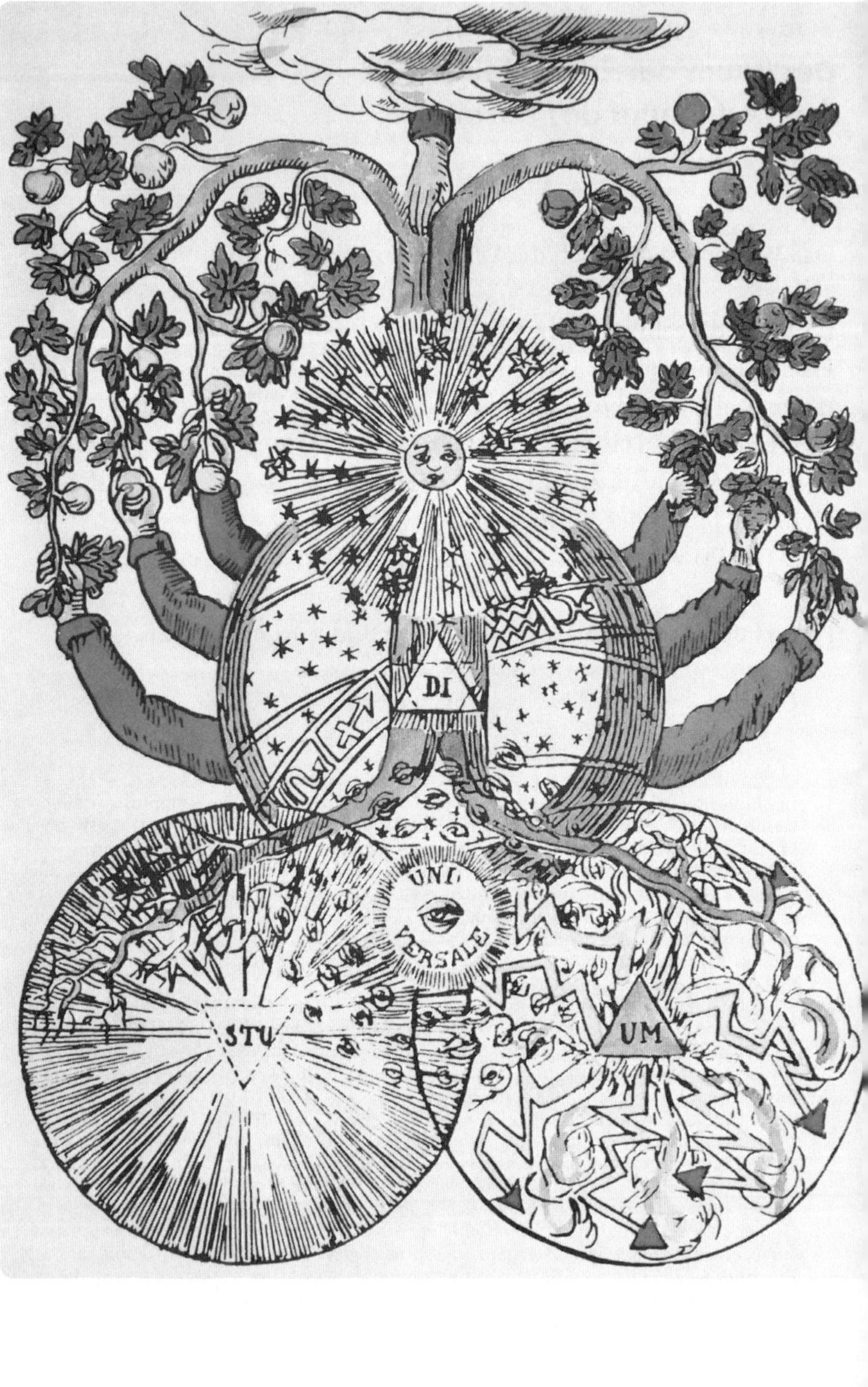
DI
UNI
VERSALE
STU
UM

Ein weiteres Bild aus dem Buch erhellt sich uns. Der Mensch ist mit Gott über die Natur und Elementarreiche verbunden.

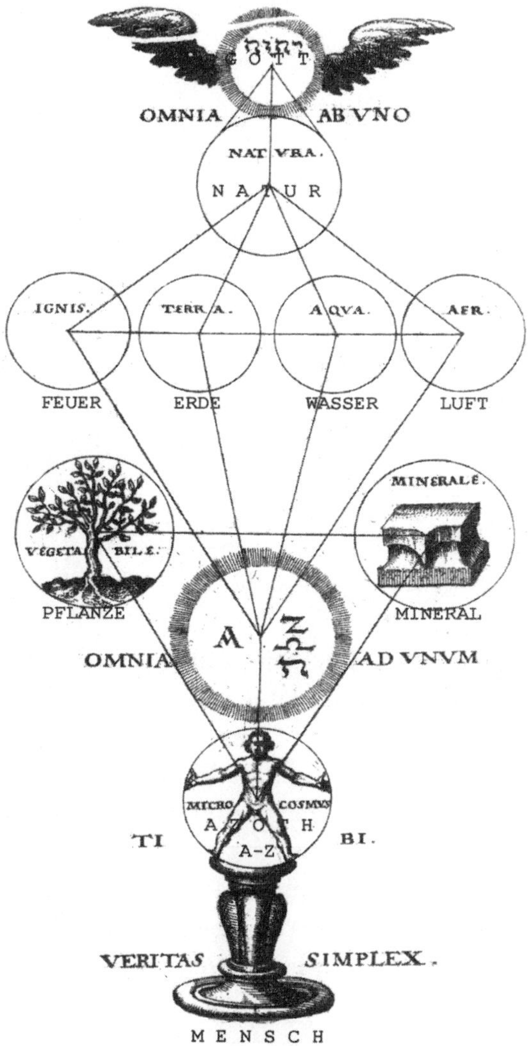

Geist und Materie würden sich nie finden, wenn nicht etwas Drittes da wäre: **Die Seele**

SULPHUR	SALZ	MERKUR
Feuer, Geist	Körper, Materie	Verstand, seelisch

Zum Bild über dem STEIN DER WEISEN:

LIEBE
Auf dem Wappen
GLAUBE HOFFNUNG
GEDULD

Symbole für Gottesfurcht:
Selbsterkenntnis
Universelle Liebe/Nächstenliebe

Die Wahrheit suchen: Eitelkeit, Geldgier, Feigheit/Furcht lassen uns die Wahrheit nicht sehen.
Die Wahrheit erkennt nur, wer sich nicht fürchtet.
Ohne Selbsterkenntnis werden wir die lebendige Wahrheit nie erkennen.
GEDULD mit uns selbst und mit anderen Menschen.
Kampfplatz mit Löwe: Unsere tierischen Triebe
Schwarzer Vogel/weißer Vogel = die Verwandlung
Drache, der im Feuer sitzt = Sexualität
Die dunkle Pforte
Der Weise, der den Baum der Erkenntnis hält und einpflanzt – darüber DIE KRONE DES LEBENS.

Worte und Klänge

Die Ur-Elemente der schöpferischen Kraft sind die Buchstaben/Töne.

Beispiele:

DOM
D eine schwellende, aufgehende Kraft
O Grundriss
M die zwei Türme

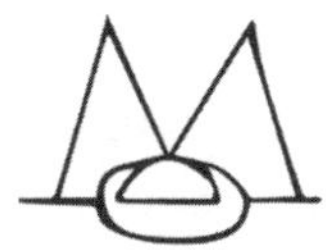

BURG
B Bogen
U Turm
R Verteidigung, wegstoßend
G Gaia (Erde)

BRUNNEN
B Eine Kraft, die aus der Erde herausstößt
R Das Wasser stößt hervor.
U Tief und senkrecht
N Negativ
E Eine Kraft, die vom I ausgeht.

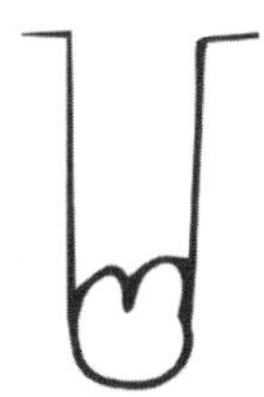

QUELLE Auch etwas, das hervorbricht, es fließt aber auf der Erde weiter, waagerecht.

ADLER

TANNE  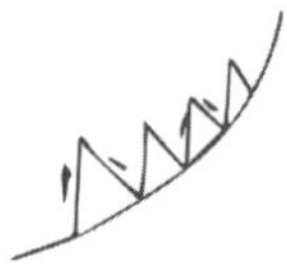 FICHTE 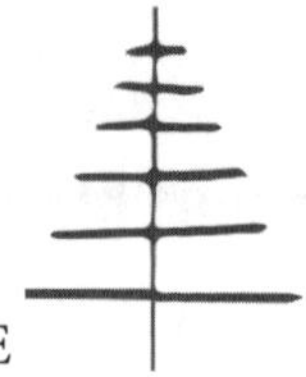

ZAHN Zick-zack (Kaubewegung)

Vorwärts = r r Vorwärtsbewegung

Einige Beispiele zu Namen und welche Energie darin steckt:

OTTO Materiell fest, und weich zugleich

PETER Eine Kraft, die sich offenbaren will, ist eigensinnig, hat gute Verstandeskraft.

E viel Beweglichkeit, guter Verstand
T Stabilität, treu, ausdauernd (Saturn)
R Stoßkraft, verhindert, dass sich Saturn-Kraft zu sehr auswirkt.

FRITZ Muss immer lustig sein,
(Stoßkraft ist **FR**
TZ B litz = zick-zack)

KARL Es liegt etwas Königliches in diesen Namen.

KATHARINA Es liegt etwas Königliches in diesen Namen.

FRANZ Überlegenheit

LOUIS Weich, eine Venuskraft (Rokoko)

… mit Napoleon kam etwas ganz Neues.

Die meisten Kinder erhalten von den Eltern nicht die für sie passenden Namen.

Bibel: „Ich werde euch bei eurem wahren Namen nennen."

In uns, wie in allen Lebewesen, ist ein Teil des Logos, der sich offenbart, die übrigen Bestandteile bleiben latent (die Wartehalle der Ahnen).

• • •

Die Menschen zeigen sich selbst in allem, was sie tun:
Gang, Bewegung, Gesichtszüge oder Schrift.

Der **Graphologe** schaut eine *Schrift* an, er sieht verschiedene Linien und Verhältnisse. Aus diesem kann er die Individualität des Schreibers ablesen.

Einige Beispiele:
Mittellinie eng und starke Buchstaben: Egozentrische Menschen. Leute, die noch viel mit sich selbst zu tun haben.

Mittellinie dünn: Diese Menschen interessieren sich für höhere Dinge.

Oberlängen kurz, Unterlängen lang: Materiell, wahrscheinlich geizig.

Oberlängen und Unterlängen hoch und dünn: Geistiger Mensch, aber er kennt auch die Materie, er bringt beides in Harmonie.

Schnörkel: Eitelkeit
Grober Mensch, Vorsicht.
Wenn nachher Verbindung hergestellt, dann selbstbeherrscht.

Schrift in einem Fluss, wenig abgesetzt: Gute Konzentration, wenn doch abgesetzt, aber harmonische Übergänge, auch noch gut.

Stotternde Menschen erkennen wir an ihrer Schrift, da sehen wir auch viele Absätze.

An Dingen hängen, die zurückliegen.

• • •

Im Italienischen und Französischen wird **H** nicht ausgesprochen. Was bedeutet das?

H bedeutet das Leben in uns, wo dieser Buchstabe verschwindet, zieht sich das Selbst (Gott) zurück, die Materie hört langsam auf.

Diese Nationen sind im Weggehen von der Erde, sie vermehren sich nicht mehr.

Nationen, bei denen der Buchstabe **H** beinahe ein harter Buchstabe geworden ist, haben ihre Entwicklung noch nicht beendet:

\+ Sie können den Geist durch die Materie offenbaren.
\- Sie können aber auch sehr geizig, habsüchtig sein.

Das **H** in der Schweiz = gut, in der Schweiz gibt es viele geistige Bewegungen.[42]

---

42 Wir können daran auch ersehen, warum es Menschen unter anderem in ein Land zieht. Mit der Sprache und deren Aussprache fließt auch Energie zu uns, prägt in einem gewissen Maße.

Menschentypen

Alle Heilige wurden zu ihren Lebzeiten aus der Kirche ausgestoßen.

Ein Mensch, der selbstlos ist, kann nicht irrsinnig werden. Irrsinn (Menschen, die vom Teufel besessen sind) fängt bei Selbstsucht an – mit Ausnahme von Krankheiten, die das menschlichen Gehirn ruinieren.

Durch Magnetismus heilen – Gefahr, solche Magnetiseure können plötzlich an Krebs sterben.

Der TON verursacht Linien, alles hat seine ihm gemäße Form, entsprechend dem ihm eigenen Klang.

Der Mensch besteht aus Tönen – Töne sind Buchstaben – jeder Buchstabe hat seinen Klang. Das hängt alles eng zusammen.

Menschen, die mit Röntgenstrahlen, mit Radium gearbeitet haben, mussten gesundheitlich einen hohen Preis zahlen (Siechtum).

Wenn wir auf dem geistigen Weg unreif, also noch nicht vorbereitet sind, aber einen Grad erreichen, erhalten wir einen Schock. Das Nervensystem lässt den Menschen nicht mehr zu seiner vorherigen Stufe zurückfinden.

Viele Menschen im Irrenhaus sind krank geworden, weil sie sich mit spiritistischen Dingen befasst haben.

MEDIUM Ätherkörper = Lebensstromnetz.
Bei Medien wird der Lebensstrom herausgesaugt, und auch die Anwesenden werden teils ausgesaugt. Die Leute werden müde, todmüde, denn ihr Lebensstrom ist herausgezogen worden, bei einem Medium im erhöhten Maße.

Wie können wir uns nach einer solchen Schwächung wieder stärken, davon frei werden, wieder das Ich-Gefühl stärken.

Mit Affirmationen, wie:

„Ich bin stark",
die Kräfte zusammenziehen,
„Ich bin kräftig",
dann gibt man die Kräfte nicht aus,
„Ich bin gesund."[43]

43 Siehe auch bei Yesudian, „Sport und Yoga", der Gebrauch und die Wirkung der Affirmationen.

Fragestunde

Beginnt das Leben bei der Zeugung oder bei der Geburt?

Weder noch. Der Mensch hat immer gelebt und wird immer leben. Das irdische Leben beginnt mit dem Fötus, dieses hat aber noch kein selbstständiges Leben, sondern erst, wenn die Nabelschnur durchtrennt wurde.

Die Chinesen rechnen das Horoskop von der Zeugung aus, aber das eigentliche Leben rechnen sie von der Geburt an.

Weitere Beispiele zu Namen und Buchstaben:

LILIAN	Weich, musikalisch
FRITZ	Lustig, gemütlich (Fritz und Freund, ähnlich)
ROBERT	**R** Mars-Kraft offenbart sich als gesteigerter Gemütszustand.

Widder-Menschen: Einige von ihnen sind immer heiter, sie tragen in sich die Lebenskraft, sie lächeln immer, sie bringen Fröhlichkeit mit sich.

• • •

Fragen zu den geheimnisvollen *Osterinseln*.

Es ragen Bergkuppen heraus, es sind Köpfe von mehreren Metern Höhe. Es sind seltsame Gestalten. Es gibt Steine, die mit Schriften bedeckt sind. Die Wissenschaft weiß nichts dazu.

•••

In der *Dunkelheit* fangen wir an, verschiedene Dinge zu sehen, welche wir sonst nicht sehen – interessante Licht- und Leuchtformen schweben herum.

Das menschliche Auge, die Natur ist in höchstem Maße anpassungsfähig. Lebendige Wesen hauchen Licht aus – im Dunkeln ist es möglich, dieses Licht zu sehen. Auch aus den Handflächen kommen solche Lichtstrahlen. Wenn der Mensch eine Faust macht, zwingt uns die Natur, dass Aushauchen der Lebenskraft zu vermeiden; es wird zurückgehalten.

Ein Mensch kann an einem Tag drei Kilo abnehmen. In einer sehr großen Aufregung verbrennt uns ein sehr hoher Lebensstrom (Lebenskraft).

•••

Wenn wir alle unsere Erlebnisse als Erfahrung in uns tragen, ohne dass es uns beeinträchtigt, dann sind wir mit dem Astralen fertig. Dann hat auch der Verstorbene seine Erlebnisse „verdaut".

Das göttliche Ich beim Sterben – oft haben Menschen kurz vor dem Tod hellseherische Kräfte. Auf einmal sehen sie, dass sie irgendetwas auch machen müssen.

•••

Die Gewohnheit ist eine enorme Kraft, oft tun wir Dinge, ohne zu wissen, wie wir es gemacht haben.

•••

Nicht Angst vor Erscheinungen haben, wir bestehen aus sieben Kräften, wir sind stark.

Die Hauptsache ist, dass der Mensch RUHE ausstrahlt.

Träume

Wenn wir etwas in der Gegenwart erfahren, ist dies ganz anders, als wenn wir es auf Distanz sehen.

In uns sind körperliche, seelische und geistige Bereiche zusammen. Wenn wir einschlafen, kommen wir in eine Ebene, wo das Körperliche noch eine große Rolle spielt. Wir hören noch Geräusche von der Straße her – aber wir träumen schon, wir sind noch nicht vollkommen hinübergeglitten. Alles, was unser beobachtendes Ich nicht annehmen will, wird in das Unterbewusstsein geschoben.

Der Durchschnittsmensch schläft ein und geht über die Grenze. Er gibt die Kontrolle (über das Nicht-Erlaubte) auf, die Dinge, an die wir uns nicht erinnern wollen. Es ist uns unangenehm, deswegen wollen wir es nicht wahrhaben, wir werfen es hinter uns, und es sinkt in unser Unterbewusstsein hinab.

Im Schlaf kommen diese Dinge, die wir nicht im Bewusstsein haben wollen, hervor. Wir müssen sie sehen und erleben, ob es uns gefällt oder nicht. Es ist eine Einrichtung in uns, welche uns die Eindrücke in Bildern zeigt.

Traumloser Schlaf: Das Bewusstsein ist hinübergeglitten in die geistig/seelische Ebene.

Somatischer Traum: Mit dem körperlichen Befinden im Bewusstsein stehen (die Bettdecke fällt hinunter, die Füße werden kalt, wir können träumen, dass wir im kalten Wasser stehen).

Chaotischer Traum: Die Szenerie ändert sich fortwährend – diese Träume sind bedeutungslos. Jedes Bild steht in Zusammenhang mit einem irdischen Erlebnis.

Der Maler Böcklin hat Vögel gemalt, wie sie in Italien leben – ohne dass er sie je gesehen hatte, er hat offensichtlich die Erfahrung aus einem früheren Leben geoffenbart. Alle Traumbilder können wir nur aufgrund von Erfahrungen machen.

Sympathie: Die Schwingungen harmonisieren.

C. G. Jung, Psychoanalytiker:
Urbilder = Archetypen,
rechts Christus – links Satan, das ist die letzte Ebene, wo der Mensch Bilder sieht.

Die Träume sind nicht höflich und artig, sie nehmen die Bilder unmittelbar und ganz natürlich her. Die Bilder variieren meist von Volk zu Volk – innerhalb eines Kreises sind bei den meisten Menschen die Bilder dieselben.

Es gibt auch Warnträume.

Wenn wir die Träume verstehen, verstehen wir uns selbst und können unsere Probleme lösen. Wir sollen sehen, wo wir zu wenig und wo wir zu viel Kraft ausgeben. Wir sollten die Träume aufschreiben, aber erst nach einem Jahr lesen. Wir werden dann die Geschichte des verflossenen Jahres sehen.

Eine Legende

Frau Haich erzählt ausführlich die Legende von VIRATA, der als Edler vor Tausenden von Jahren vor Buddha am Hofe eines Königs lebte. Er war ein treuer Krieger am Hofe des Königs. Als eine Schar von Ungetreuen dem König Böses wollte, schlich er sich in deren Zelt und brachte sie alle um. Später machte er all den Toten die Augen zu. Zuletzt sah er unter den Toten seinen eigenen Bruder, der ihn mit toten Augen anstarrte, vorwurfsvoll.

Virata wurde vor Schreck starr, als er erkannte, dass sein eigener Bruder unter den Verrätern war. Virata dachte dann darüber nach, wie alles geschehen war.

Als seine Tat am Hof bekannt wurde, gab es einen großen Jubel darüber, dass er allein gesiegt hatte, und er wurde sehr gefeiert.

Er aber hatte von einem geistigen Gesetz erfahren, dass jeder Mensch, der einen Menschen tötet, seinen eigenen Bruder tötet, und er hatte gelobt, nie mehr ein Schwert in seine Hand zu nehmen.

Der König sagte zu Virata: „Gut, du sagst, im Schwert ist Gewalt, so sollst du mein Richter sein, du sollst die Wahrheit suchen und der Gerechtigkeit dienen und die höchsten Urteile in meinem Land sprechen."

Virata nahm das Amt an und setzte sich fortan auf die Treppe des Palastes. Immer hatte er richtig geurteilt, so dass sogar die Sünder sein Urteil immer ohne Widerspruch annahmen. Bevor er ein Urteil sprach, schlief er stets eine Nacht darüber. Er hatte immer die Schuldigen gefragt, ob sie mit dem Urteil einverstanden seien.

Einmal nahm er die Strafe eines Verurteilten, der in einem unterirdischen Gefängnis seine Strafe büßen musste, selbst auf sich.

Nach einigen Wochen wurde Virata befreit. Er fand die Strafe so schrecklich, dass er dem König mitteilte, er könne nie mehr Urteile sprechen. Er ergriff seine Freiheit wieder, ging nach Hause und betrieb Landwirtschaft. Später lebte er als Einsiedler in der Wildnis. Er war jetzt ein Yogi, und Menschen, die nichts besitzen wollten und nur für Gott zu leben wünschten, um die Seligkeit zu erlangen, kamen zu ihm.

Der König hatte von ihm gehört, wie weise er sei, und der König gewährte ihm einen Wunsch. Der einzige Wunsch war, dass man ihn nicht stören solle.

Eines Tages kam eine Frau zu Virata, die klagte bitter, dass ihr Mann sie und die Familie verlassen hatte, um zu Virata zu gehen und als Einsiedler zu leben.

Virata sah, dass auch er auf diese Weise, als zurückgezogener Einsiedler, anderen Menschen Leid verursachte. Er ging zum König und bat ihn darum, einen Dienst annehmen zu dürfen.

Der König war von der vorherigen Abweisung durch Virata gekränkt und ließ ihn nun seine Hunde hüten. Dann starb der König, und der neue König ließ Virata vom Hof jagen.

Virata starb, und seine Söhne und alle Menschen hatten ihn vergessen.

Die erzählte Geschichte ist von Stefan Zweig aus dem Buch „Die Augen des ewigen Bruders und andere Legenden“.

Virata:	Zuerst Heerführer = der Blitz des Schwertes dann Richter = die Quelle der Gerechtigkeit dann Einsiedler/Berater = der Stern der Einsamkeit

Karma

Die Schlussfolgerung aus der Legende von VIRATA.
Was immer wir tun oder nicht tun, wir verursachen KARMA.
Man kann nie etwas tun, ohne gleichzeitig Gutes und Böses zu tun.

In der 4. Stufe, die Virata erlebt hatte, ersehen wir, wie man vom Karma (dem Gesetz von Ursache und Wirkung) loskommen kann.

Wie können wir dem Karma ausweichen?
Dazu gibt es zwei Wege:

- Wir lassen alles so kommen und geschehen, was kommt und wie es kommt. Wir reagieren nicht, es berührt uns nicht.

- Der andere Weg ist der, dass wir nichts mehr wollen, nicht mehr aus eigenem Willen etwas tun – nicht tun, was man will, sondern was man soll. Das ist das Höchste, das wir tun können.

Frau Haich gibt weitere Beispiele:

ANKER LARSEN, dänischer Dichter (1874 – 1957)
„Bei offener Tür“ ist eine kleine halbbiografische Geschichte, mit Sinnfragen zum Verwirklichen des ewigen Lebens und dem Erleben der mystischen Einheit von sichtbarer und unsichtbarer, zeitlicher und ewiger Welt.

Ein Arbeiter geht in der Früh zu seinem Herrn und fragt nach der Arbeit für den Tag. Nach getaner Tagesarbeit ist er vollkommen sorglos, er fühlt sich frei.

Wir alle lassen uns drängen von unserem Willen – wir sind im Netz des eigenen Willens und verursachen dadurch immer von neuem Karma für uns selbst und unsere Umgebung. Der Mensch, der nichts mehr will, lässt die Dinge und Ereignissen an sich herankommen. Er ist Gott ergeben, ein gottüberlassenes (gottgefälliges) Leben.

Wenn man vollkommen unpersönlich wird, ist es völlig egal, was man tut.

MARC AUREL (121 n. C.) geboren, war römischer Kaiser (161-180 n.C.). Er war ein titanischer Mensch – er hat immer gewusst, dass er jetzt als Herrscher herrschen muss, er hat getan, was er musste – nicht aus Eigenwillen, sondern er war groß in Selbstlosigkeit.

• • •

Allein: All-Ein
Ein Urzustand, jedes Kind hat ihn, diesen Zustand. Mit dem All sich eins zu fühlen, man ist nicht mehr allein. Im Samadhi erleben wir es auch.

Solange Polarität ist, ist der Tod. Unser Sehnen zieht uns zurück.

GLAUBEN heißt, die Isolation aufzugeben. Woran ich glaube, da bin ich eingeschaltet. Glauben heißt nicht, etwas für wahr halten, sondern lieben, darinnen sein, meine Kräfte, mein Leben hineinlegen – sich ins HÖHERE SELBST einschalten.

ICH BIN – ich bin weder Vergangenheit noch Zukunft.

Erläuterungen zu den Platonischen Körpern.[44]

Frau Haich zeigt Lichtbilder zu den geometrischen Formen:

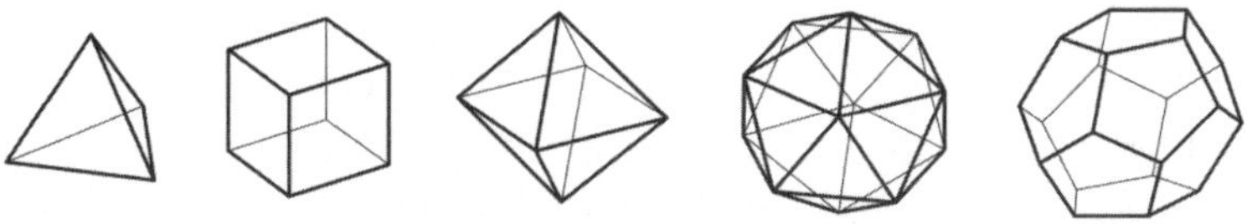

Tetraeder Feuer | Hexaeder Erde | Oktaeder Luft | Dodekaeder Wasser | Ikosaeder Universum

Würfel (Hexaeder), Pyramide, Tetraeder, Oktaeder (bestehend aus zwei Pyramiden), Dodekaeder und Ikosaeder.

Es sind perfekte geometrische Strukturen, Bausteine des Lebens. Bei den platonischen Körpern handelt es sich um geometrische Figuren, die Platon (428 - 348 v. Chr.) ausführlich untersucht und beschrieben hat.

Es gibt bei den Körpern eine größtmögliche Symmetrie. Alle Kanten sind gleich lang, es gibt gleiche regelmäßige Flächen, und die Winkel sind an den Eckpunkten gleich groß.

Platon hat genau diese fünf heiligen geometrischen Körper den fünf Elementen des damaligen Weltbildes zugeordnet: Erde, Feuer, Wasser, Luft und Äther.

44 Die Platonischen Körpern erläutert E. Haich in der „Einweihung" im Kapitel ‚Die Form der Pyramiden'.

Zahlen und Quadrate

Die göttlichen Quadrate: 3, 5 und 7 (nur diese als Beispiele)

Wir zählen der Reihe nach die Zahlen 1, 2, 3, aber in der Natur fallen die Zahlen auseinander, es wird chaotisch. Da Gott überall gegenwärtig ist, strebt alles nach Ausgleich, nach Gleichgewicht – die Tendenz, die Ordnung wiederherzustellen.

Hinter allen Zahlen ist die Einheit.
Die Zahl 1 = Gott, das Geistige, muss dahinterstehen.

Wie die Quadrate es zeigen, ist es in einer scheinbaren Unordnung, aber es ist größte Ordnung – das ist die Erlösung.

Beispiel 1

4	9	2	= 15
3	5	7	= 15
8	1	6	= 15
= 15	= 15	= 15	

auch in der Diagonale = **15**

Beispiel 2

11	24	7	20	3	= 65
4	12	25	8	16	= 65
17	5	13	21	9	= 65
10	18	1	14	22	= 65
23	6	19	2	15	= 65
= 65	= 65	= 65	= 65	= 65	

ebenso in der Diagonale = **65**

Beispiel 3

22	47	16	41	10	35	4	= 175
5	23	48	17	42	11	29	= 175
30	6	24	49	18	36	12	= 175
13	31	7	25	43	19	37	= 175
38	14	32	1	26	44	20	= 175
21	39	8	33	2	27	45	= 175
46	15	40	9	34	3	28	= 175
= 175	= 175	= 175	= 175	= 175	= 175	= 175	

ebenso in der Diagonale = **175**

Die Individualität charakterisiert auch immer eine Zahl, diese ZAHL bestimmt auch gleich unser Schicksal.

Zu Beispiel 1: In der Diagonale 2 5 8 :

2+3 = 5
5+3 = 8

Zu Beispiel 2: In der Diagonale 3 8 13 18 23 :

3+5 = 8
8+5 = 13
13+5 = 18
18+5 = 23

Zu Beispiel 3: In der Diagonale 4 11 18 25 32 39 46

4+7 = 11
11+7 = 18
18+7 = 25
25+7 = 32
32+7 = 39
39+7 = 46

Vermehrung um den Geist des Quadrats

zu Beispiel 1:	Die mittlere Zahl ist 5	(15:3 = 5)
zu Beispiel 2:	Die mittlere Zahl ist 13	(65:5 = 13)
zu Beispiel 3:	Die mittlere Zahl ist 25	(175:7 = 25)

Zwei sich schräg gegenüberliegende Zahlen, hier im **Beispiel 2**:

11	24	7	20	3
4	12	25	8	16
17	5	13	21	9
10	18	1	14	22
23	6	19	2	15

4 + 22 = 26

10 + 16 = 26

11 + 15 = 26

23 + 3 = 26 ergeben immer dieselbe Summe

Je mehr Zahlen wir für den Aufbau eines Quadrates nehmen, umso verblüffender ist das Ergebnis.

Wir offenbaren alle eine Zahl, die uns charakterisiert:
„Bei deinem Namen werde ich dich nennen“ (Name und Zahl sind *ein* Begriff).

Ein Mensch mit der **Zahl 14** in sich (siehe Beispiel 2) sucht sich als Partner einen Menschen mit der **Zahl 12** als Ergänzung.

• • •

Alle heiligen Bücher lehren uns die Selbstlosigkeit:
Ausstrahlen und geben.

Was geschieht, wenn ein Mensch sich emaniert (ausstrahlt – sich reduziert von 14 auf 13, von 13 auf 12 und so weiter)?

Wenn irgendwo ein Mensch wirklich selbstlos wird, dann fängt er an, bekannt zu werden. Man fühlt seinen Einfluss auf der ganzen Welt, zum Beispiel Christus oder Gandhi, denn es ändert sich das Quadrat. Da alles zusammenhängt, so ändert sich das Quadrat, weil eine Zahl sich geändert hat.

Das wichtigste Gesetz der Materie ist das Streben nach Gleichgewicht.

GANDHI hat mit großen Kräften gearbeitet, er hat sehr viel gegeben, und seine Lehre der Gewaltlosigkeit kennt heute die ganze Welt. Es werden immer mehr Menschen sein, welche nichts mehr mit Gewalt erreichen wollen. Diese Menschen lassen die Gesetze (die Geistigen Gesetze) arbeiten – und diese tun es unaufhaltsam.

Jeder Mensch hat einen großen Einfluss auf das Ganze. Wir wirken auf das Ganze, und das Ganze wiederum wirkt auf uns. Alles ist miteinander verbunden.

Wie bringen wir diese Quadrate in Beziehung zum menschlichen Schicksal?

3	Saturn-Kraft	
4	Jupiter-Kraft	
5	Mars-Kraft	
6	Sonnen-Kraft	
7	Venus-Kraft	
8	Merkur-Kraft	(die Schlange ist Dienerin der Merkur-Menschen)
9	Mond-Kraft	(die leere Schale, vollkommene Empfänglichkeit) 9 = leer sein, um das Göttliche in uns zu empfangen, das ist die „unbefleckte Empfängnis". Bereitschaft der Maria, den GEIST in sich aufzunehmen, die menschliche Seele wird schwanger mit dem GEIST.

• • •

Wir tragen alle Kräfte (also auch die Zahlen) in uns, aber eine dieser Kräfte offenbaren wir am meisten.

• • •

Goethe[45] hatte starke Mond-Kräfte geoffenbart, die Zahl 9 spielte in seinem Leben ein große Rolle. Seine blühendste Periode waren die 9 Jahre in Weimar: 1786-1794. Auch die anderen Perioden haben sich schön erfüllt, er hat sein Quadrat sehr gut ausgelebt. Ob 2er, 5er, 9er oder welche andere Periode, in jeder derselben hatte er seine Liebe – sie dauerte immer gerade so lange, wie die betreffende Periode dauerte.

Selma Lagerhöff[46] hat erst mit sechzig Jahren angefangen zu schreiben, vorher war sie Gattin, Mutter und Hausfrau. Die Quadrate wiederholen sich, und es gibt Leute, die erst ihr zweites oder drittes Quadrat „gut ausfüllen".

• • •

Hinweis auf Koordination von Zahlen mit wichtigen Daten im Horoskop: Der Prinz von Preußen wurde 1797 geboren. Später wurde er Wilhelm I.

Wann wurde er Kaiser?	1871	
	1	
	8	
	7	
	1	
Wann starb er?	1888	(am 9. März)

45 Über Johann W. von Goethe sprach E. Haich öfters, vor allem im Zusammenhang mit seinem Horoskop. Dazu sagte sie, dass seine Konstellation im Horoskop so zu deuten sei, dass er ein notorischer Lügner war. Aber aus der Konstellation habe er Weltliteratur gemacht, geniale Dichtkunst.

46 Selma Lagerhöff erhielt als erste Frau 1909 den Nobelpreis für Literatur.

Das letzte Blütejahr seines Landes (Preußen)
unter Wilhelm dem II.

$$\begin{array}{r} 1888 \\ 1 \\ 8 \\ 8 \\ \underline{8} \\ 1913 \end{array}$$

Die Formel für die Quadrate

		1									
	4		2				4	1	2
7		5		3	=		7	5	3
	8		6				8	9	6
		9							

		Saturn	Jupititer	Mars	Sonne	Venus	Merkur	Mond
1	2	3	4	5	6	7	8	**9**
1	3	6	**10**	**15**	**21**	**28**	**36**	45
1	4	**10**	20	35	56	84	120	165
1	5	**15**	35	70	126	210	330	495
1	6	**21**	56	126	252	462	792	1287
1	7	**28**	84	210	462	924	1716	**3003**
1	8	**36**	120	330	792	1716	3432	6435
1	**9**	45	165	495	1287	**3003**	3436	9871

Siehe in der Diagonale die sich gegenüberliegenden gleichen Zahlen. Einige Beispiele fett gedruckt.

9er Quadrat MOND

Zahlen 13 bis 93 sind in der Summe 477,
ebenso in der Diagonale ist die Summe 477.

49	90	41	82	33	74	25	66	17
18	50	91	42	83	34	75	26	58
59	19	51	92	43	84	35	67	27
28	60	20	52	93	44	76	36	68
69	29	61	21	53	85	45	77	37
38	70	30	62	13	54	86	46	78
79	39	71	22	63	14	55	87	47
48	80	31	72	23	64	15	56	88
89	40	81	32	73	24	65	16	57

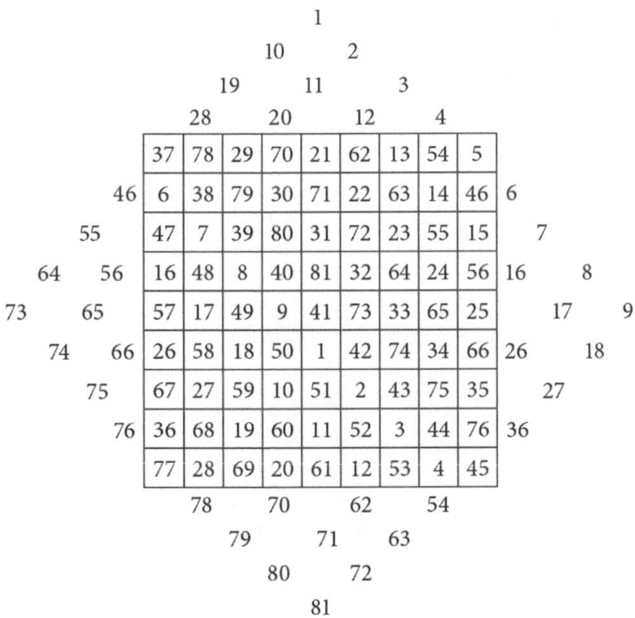

Fragestunde

Was ist der Unterschied zwischen Ewigkeit und Unendlichkeit?

Die Ewigkeit hat weder Anfang noch Ende. Unendlichkeit kann nur sein, was einen Anfang gehabt hat und dann unendlich ist (aber irgendwo wird es anfangen).

Unendlichkeit ist die zweite Hälfte der Ewigkeit.

Der Geist kann sich nur in Zeit und Raum offenbaren – der Moment des Austretens aus dem ALL bis zu seiner Wiedervereinigung ist eine Spanne, die wir ZEIT nennen. Die Ewigkeit ist das Gegenteilige und kann nicht auf dieser Sinnenwelt gefunden werden.

Die Aufhebung des Raumes nennt man Unendlichkeit.

Wenn wir in Zeit und Raum leben, ist Unendlichkeit und Ewigkeit nicht dasselbe – im SAMADHI gibt es keine Zeit mehr. Unendlichkeit und Ewigkeit sind *eins*.

Das Wort EWIGKEIT enthält keine irdischen Erfahrungs-Elemente, es ist das wahre SEIN.

Unendlichkeit, Ewigkeit: Zwei Hälften desselben Dings.

Unendlichkeit ist in Zeit und Raum.
Ewigkeit ist über Zeit und Raum.

Solange ein Mensch noch persönlich denkt, kann er das Höhere Selbst nicht verstehen.

• • •

Die Gedanken/der Verstand sind eindimensional.

Es gibt aber einen Zustand, wo man alles auf einmal sieht: Im Trance-Zustand kann man etwas in einem Augenblick sehen, wozu wir zwei Stunden brauchen, um es nachher zu erzählen.

• • •

Zufriedenheit: Sich wünschen, was da ist.

AMEN: So soll es sein.

„Führe uns nicht in Versuchung", die genaue Übersetzung ist: „Gib uns die Kraft, die Versuchung zu überwinden." Wenn wir etwas überwinden, kommen wir gestärkt aus dem Kampf hervor.

• • •

Noch einmal Angaben zu den Zahlen.

Die Gesetzmäßigkeit der Zahlen
(Wir dürfen die daraus gewonnenen Erkenntnisse nie selbstsüchtig ausnützen):

1	2	3	4	5	6	7	8	9
1	3	6	10	15	21	28	36	45
2	5	11	21	36	57	85	121	166
3	8	19	40	76	133	218	339	505
4	12	31	71	147	280	498	..	etc.
5	17	48	119	226	506	..	etc.	
6	23	71	190	416	..	etc.		
7	30	101	291	..	etc.			
8	38	139	430	..	etc.			
9	47	186	616	..	etc.			

Die Zahlen in der Diagonale wiederholen sich immer in einem Menschenleben.

In den Katakomben und in Kirchen in Italien wurde nachstehende Inschriften gefunden[47]:

S A T O R

A R E P O

T E N E T

O P E R A

R O T A S

ROTAS heißt Räder
OPERA heißt die Werke, das Werk (das All?)
TENET heißt hält
AREPO heißt Arepo (ein Name)
SATOR heißt Sämann, der Säende …

47 Das Quadrat ist ein in jeder Leserichtung gleichlautendes Palindrom. Das heißt, vorwärts und rückwärts, von oben nach unten und von unten nach oben gelesen. Es ergibt sich der aus dem Lateinischen übersetzte Sinn: „Sämann Arepo hält mit Mühe die Räder." Metaphorisch könnte dies heißen: „Der Schöpfer erhält die ewige Welt." Das älteste bislang datierte SATOR-Quadrat fand man bei Ausgrabungen der Palästra, der altgriechischen Ringerschule von Pompeji, das im Jahr 79 n. Chr. von der Lavaasche eines Vulkanausbruchs verschüttet und zerstört wurde.

Tarot

Alles, was im Weltall ist, sucht die UR-ORDNUNG und bewegt sich nach den Gesetzen der Quadrate. Es ist ein ewiger Kreislauf – wir tragen das Gesetz dieses Kreislaufes in uns.

„Des Menschen Seele gleicht dem Wasser…" – Goethe.[48]

T

A O

R

TAROT sind die ältesten Karten – Ägypten und Indien.
Die Menschen der versunkenen Welt ATLANTIS waren auf einer sehr hohen Stufe. Diejenigen, die sich retten konnten, gelangten zum Teil nach Ägypten, zum Teil nach Indien.

TAROT : Die Darstellung der Ur-Kräfte
ROTA : Das Rad (Rotary-Club), die vier Elemente

Lesen mit Verstand: Von links nach rechts (E)
Erleben – (Göttliches Erleben, Seins-Zustand)
von rechts nach links (Ǝ)

• • •

48 „Vom Himmel kommt es, zum Himmel steigt es, und wieder nieder zur Erde muss es, ewig wechselnd…" aus dem sechsstrophigen Gedicht „Gesang der Geister über den Wassern" von J. W. Goethe.
Das Obige beleuchtet, dass der Mensch demnach sowohl Teil des himmlischen als auch des irdischen Reiches ist. Goethe zieht einen Vergleich zwischen den Naturelementen und dem menschlichen Dasein. Hier aber wird deutlich, dass die Seele des Menschen gemeint ist, welche die Bereiche – „… ewig wechselt".

TORA hebräisch: das Gesetz

In jedem Zyklus (ca. 2000 Jahre) wird die WAHRHEIT
über die Menschen ausgegossen; aus dem „Himmel“ fließt
die Wahrheit, aus der „Hölle“ die Irrtümer.

Wann stirbt eine Religion? Wenn die Menschen nur noch die Buchstaben lesen und die Geheimnisse nicht mehr kennen.

MOSES hat die Wahrheiten, die in der ägyptischen Religion waren, in seine Bücher aufgenommen.

• • •

Was ist das Ziel des PATIENCE-Spiels (mit Karten)?
„Wir schaffen Ordnung“- der Mensch ist bestrebt, die Ur-Ordnung wiederherzustellen.

Es gibt Zahlen, die nie aufgehen, zum Beispiel: 8:11= 0,7272727272, also Unendlichkeit.

Im Tarot gibt es die ARKANA[49], die großen Arkana enthalten 3 x 7 Karten.

1. Gruppe: Das große Unsichtbare (das noch ungeborene Kind)
2. Gruppe: Das Sichtbare, das Materie gewordene
3. Gruppe: Heiliger Geist (allerhöchster Inhalt)

3 die göttliche Zahl
7 die Zahl der irdischen Vollkommenheit

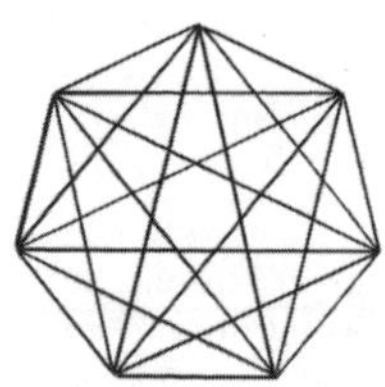

3 x 7 = 21 21 Arkana:

49 Arcanum, Arkana lateinisch: „Das Geheimnis“, das Eingeschlossene, das Verborgene.

Die TAROT-Karten, die Symbol-Bilder

	Hebräisch	Name	Zahlenwert
1	Aleph	Der Gaukler	1
2	Beth	Hohepriesterin	2
3	Ghimel	Kaiserin	3
4	Daleth	Kaiser	4
5	He	Papst	5
6	Vau	Die Liebenden	6
7	Zain	Der Wagen	7
8	Geth	Gerechtigkeit	8
9	Teth	Eremit	9
10	Jod	Schicksalsrad	10
11	Caph	Kraft	20
12	Lamed	Der Aufgehängte	30
13	Mem	Der Tod	40
14	Noun	Mäßigkeit	50
15	Samech	Der Teufel	60
16	Hain	Der Turm/Blitz	70
17	Phe	Die Sterne	80
18	Tsade	Der Mond	90
19	Coph	Die Sonne	100
20	Resch	Das Gericht	200
0	Shin	Der Narr	300
21	Thau	Die Welt	400

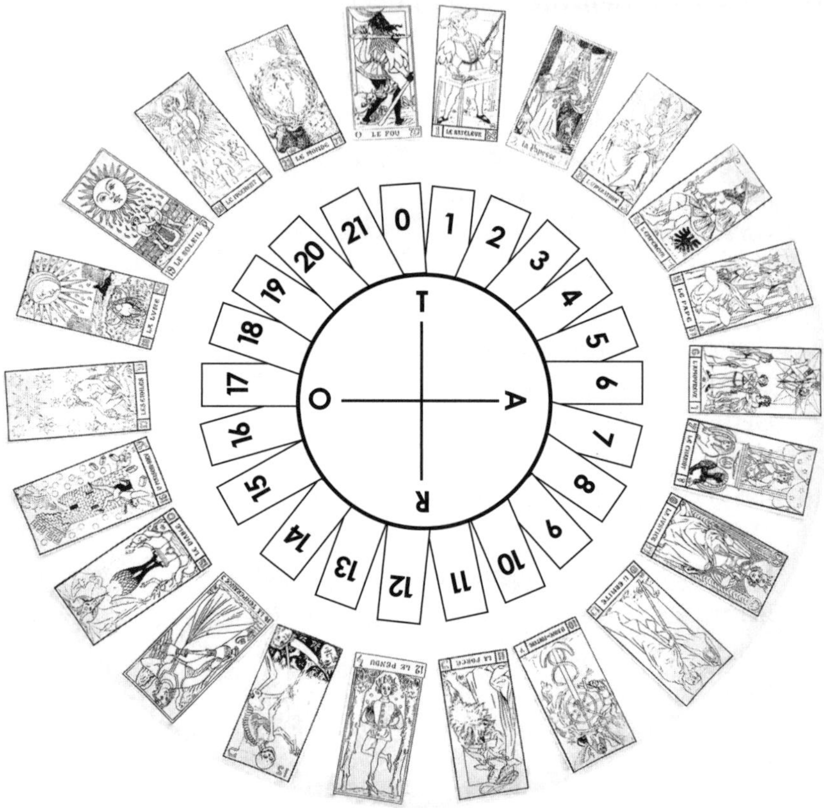
T
A
R
O
0
1
2
3
4
5
6
7
8
9
10
11
12
13
14
15
16
17
18
19
20
21
LE FOU
LE BATELEUR
LE SOLEIL
12 LE PENDU

Die großen Arkana

Lichtbilder mit den Tarot-Karten[50], alte (und neue, unrichtige) Karten, diejenigen, die von den Machern nicht verstanden wurden und somit die Wahrheiten des Tarots verstellen oder fehlerhaft interpretieren.

Es sind 3 x 7 = 21 Arkana (Geheimnisse)

Der erste Abend, die erste Trinität von 7.

Die Form ist immer der Ausdruck des betreffenden Geistes.
Jedes Bild hat drei Bedeutungen:

- Buchstabe
- Begriff
- Zahl

1. Zauberer (Magier)/Gaukler (noch unbewusst, die fünf Sinne)

2. Die Hohepriesterin/Mystik (Tiara mit zwei Ringen)

3. Die Königin des Himmels/Intelligenz

4. Der Kaiser/Verstand (Er herrscht über die Materie)

50 E. Haich zeigt Lichtbilder der wunderbaren Darstellungen von Oswald Wirth. 1969 erscheint eines der besten Bücher über das Tarot von E. Haich. Sie hatte während ihrer Vortragsserie erwähnt, dass sie aufgrund der großen Nachfrage später ein Buch zu den Erläuterungen und psychologischen Erklärungen des Tarot herausbringen würde. Wie schon zur Vortragsreihe, so benutzt sie die von Oswald Wirth gezeichneten und kolorierten Bilder. Dieser hatte wiederum seine Einweisung von Stanislas de Guaita erhalten.

5. Der Papst/Hohepriester (Tiara mit drei Ringen)
   Der Mensch auf dieser Stufe ist nicht mehr feindlich eingestellt gegen die zwei Kräfte. Er weiß, dass alle beide aus Gott stammen, und er fängt an, in der Mitte zu stehen und die zwei Kräfte ins Gleichgewicht zu bringen.

Hohepriesterin = 2	Königin = 3
Papst = 5	Kaiser = 4
——	——
Total = **7**	Total = **7**

6. Der Liebende/am Scheideweg (Geist oder Materie)

7. Der Wagen/der Triumphwagen (zwei Sphinxe als Pferde)
   Dieser Mensch gebraucht die Kräfte schon so, dass sie ihn rasch vorwärtsbringen.

• • •

Wenn ein Mensch bewusst wird, erlebt er den ersten Grad:
Er beginnt, sich selbst kennenzulernen. Der Mensch fängt an, die Geheimnisse zu entdecken.
Alle Menschen, welche die okkulten (verborgenen) Kräfte entdecken wollen, erleben viele Enttäuschungen.

Dann fängt der Mensch an, seine eigene wahre Natur kennenzulernen. Dann liest er Bücher, um mit dem Verstand die Dinge zu erfassen. Paul Bruntons[51] Bücher sprechen nicht vom Verborgenen, sondern sie erklären offen und verstandesmäßig nüchterne Wahrheiten.

• • •

51 Paul Brunton war ein spiritueller Autor. Er machte E. Haich mit den Weisheitslehren des Ramana Maharshi bekannt. Brunton besuchte sie in Budapest.

8. GERECHTIGKEIT (Justitia)
   Der Mensch fängt an, überall sehr genau das Gleichgewicht zu fühlen.
   Zuerst ist der Mensch selbstsüchtig, dann hört er von der Selbstlosigkeit und will es nun im Übermaß sein – Hingabe, fast schon ungemütlich bescheiden.
   In der 8. Stufe fängt er an zu sehen: „Liebe deinen Nächsten wie dich selbst." Zuerst liebe dich selbst, und dann liebe die anderen.

9. EREMIT (Der Einsiedler)
   Grau, äußerlich nicht auffallend. Er wirkt im Verborgenen, er spielt in weltlichen Dingen keine Rolle mehr.
   Er hat in seiner Hand den Stock: Der VERSTAND. In der anderen Hand hält er eine Laterne hoch, es ist noch nicht die SONNE, aber doch ein Licht, was Geistigkeit offenbart.
   Auf dem Boden: Der Drache, das sind die Instinkte – sie sind auch gut, aber wir müssen sie beherrschen.
   Auch als Mensch in der Familie kann man auf dieser Stufe leben, aber diese Menschen sind doch ganz allein, innerlich.

10. SCHICKSALSRAD (10=1= Vollkommenheit)
    Sphinx: Das höhere Selbst über dem Schicksalsrad, unberührt von Erfolg oder Misserfolg.

11. KRAFT (11 = Wert 20)
    Eine milde Frau, die dem starken Löwen den Rachen offenhält.
    Wahre Kraft ist milde, nie brutal. Nur der schwache Mensch verteidigt sich mit Brutalität.

12. DER AUFGEHÄNGTE[52] (Füße oben)
    (1 + 2= 30)
    Alles, was der Mensch tut, sieht er umgekehrt.

•••

Die Entwicklung des Menschen ist verschieden. Die Reihenfolge, in der wir die Stufen aufzählen, gilt nicht allgemein, es gibt viele Abweichungen.

•••

13. DER TOD = Unpersönlichkeit
    Wenn man den Weg geht, lernt man, sich von den Eindrücken der Außenwelt abzuschließen. Wenn der Moment kommt, dass wir uns von der Außenwelt nach innen kehren können, ist es sehr unangenehm: Man erlebt die vollkommene Vernichtung. Um glücklich zu werden, muss man sterben, nur so kann der neue Mensch geboren werden.

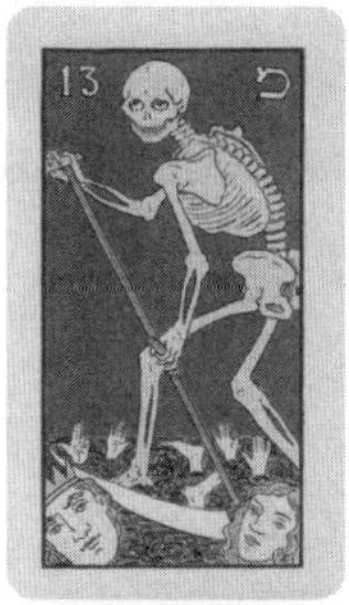

    Es erfordert sehr viel Mut, Todesverachtung und Gottesvertrauen – dann dauert dieser Moment der Vernichtung nur sehr kurz, und dann ist der Mensch „drüben“.

14. Die MÄSSIGKEIT/Frau mit Flügel
    In der rechten Hand hält sie einen goldenen Krug, die positive Seite; in der linken Hand einen silbernen Krug, die negative Seite.
    Sie mischt die zwei Kräfte, die zwei aufgeteilten Lebensströme, sie beherrscht sie schon.

52 Im Tarot-Buch von Elisabeth Haich (S. 103) lautet die Bezeichnung DER AUFGEHÄNGTE. Alles ist umgedreht.

15. Der TEUFEL/ein gefährlicher Grad
Je mehr der Mensch göttlich wird, desto mehr erscheint auch das Negative. Wo Christus klein erscheint, ist Satan auch klein.
Wo Christus groß erscheint, ist auch die satanische Seite ausgeprägt.
(Beide, Christus und Satan, sind Kinder Gottes.)
SATAN ist der Erstgeborene, er ist weit ausgesandt, als Gegenüber.
Wir müssen alles erleben und satt werden mit den weltlichen Dingen. Wenn wir göttlich werden, bleibt Satan immer als Versucher neben uns.
VERSUCHUNG: Das Mittel, unsere Kräfte zu stärken.
Auf dem Grad 15 lernt der Mensch die Magie kennen, er beherrscht die vier Elemente (Feuer, Luft, Wasser, Erde).
Der Teufel trennt die Geschlechter und vereinigt sie wieder in der Geschlechtlichkeit.
Er selbst ist die 2-Geschlechtlichkeit = Merkur-Zeichen.
Auf der Stirn der fünfzackige Stern
= Verstandeskräfte.
SATAN als gehorsamer Diener ist eine wunderbare Kraft.

16. Der vom Blitz getroffene TURM
Der Mensch fällt, der Turm stürzt ein, aber es ist nur das Irdische, der Mensch behält die Krone auf seinem Kopf.

17. Die STERNE (1 + 7 = 8)
Die Sterne haben alle acht Zacken.
Doppelstern: Morgenstern und Abendstern. Es ist immer derselbe Stern. Es ist das Licht, welches dem Menschen den Weg in die Nacht zeigt und am Mor-

gen den Weg in den Tag hinein. Der Weg in zwei Welten, und doch nur ein Weg der Seele durch die sichtbare und unsichtbare Welt.

Die Frau ist die Seele des Menschen, ohne Verhüllung.
Aus den Krügen ergießen sich zwei Ströme und zwei Kräfte: Ein positiver und negativer Strom werden in den universellen Lebensstrom zurückgegossen.

18. Der MOND (1 + 8 = 9)
Nach der Morgendämmerung erlebt der Mensch die vollkommene Hingabe:
Ein Kelch, der gleichsam wie eine Schale die göttlichen Kräfte fortwährend in sich aufnimmt und weitergibt. Die Apostel und Propheten, sie alle lernen, empfangen noch von Christus. Sie sind um Christus herum, sie können noch nicht aus sich selbst die Kräfte geben. Wenn sie aber leer geworden sind, erhalten sie die Kraft von Christus, aus der Mitte ihres erwachten Herzensbewusstseins, was das Christus-Bewusstsein ist, und sie geben das Licht an andere Menschen weiter.

• • •

NOTRE-DAME und andere Kathedralen:
Wir sehen schreckliche Drachengestalten: Derjenige Künstler, der diese tierischen Gestalten geschaffen hat, kannte die Prüfung. Der Kampf mit dem *Hüter der Schwelle*, die tierischen Instinkte.

- Hund – Körperbefindlichkeit
- Löwe – Begierden
- Löwe oder Drache – Sexualität

Wir sollen unsere beiden Triebe:
Selbsterhaltungstrieb und *Arterhaltungstrieb* beherrschen.

Oft kommt es vor, dass Menschen nach außen diese Triebe beherrschen, aber innerlich sind sie doch noch unfrei davon.

• • •

Wenn der Mensch nach außen und nach innen die Persönlichkeit verloren (aufgegeben) hat, wird er wieder zur Eins (**1**): Das Ganze, das Göttliche.

19. Die SONNE (1 + 9 = 10)
    Das Sonnengesicht ist ruhig, zufrieden
    (Höherer Grad als „glücklich").
    Unten zwei Menschen, sie stehen im Kreis, im Paradies.
    Die Seele des Menschen ist eins geworden mit dem Geist (Kreis).
    Wenn der Mensch sonnenhaft ist, fühlt er alles als Ich, ist göttlich geworden. Er erlebt das höhere Selbst.
    Der Dualismus ist dahingefallen.

• • •

Eine große Schwierigkeit ist es, zu unterscheiden zwischen dem äußeren und dem inneren Weg.

20. Die AUFERSTEHUNG oder das GERICHT
    Der Mensch hat die Last abgeworfen, er trägt alles mit Leichtigkeit.

    Der Mensch hat abgerechnet, und es ist ihm klar, warum er seinen Weg hat zurücklegen müssen. Die Abrechnung findet im Frieden statt.

• • •

C. G. Jung: Die Archetypen – dieselben Wahrheiten
Sie entsprechen den Tarotkarten. Die Urbilder (Archetypen) mischen sich in den verschiedensten Variationen.

Animus: Der männliche Anteil des Menschen
Anima: Das Weibliche im Menschen

(Die andere Hälfte, beim Mann das Weibliche und umgekehrt bei der Frau das Männliche, bleibt im Unterbewussten.)

Wenn wir uns etwas bewusst werden, erleben wir es immer zuerst im TRAUM.

0. Der NARR (300)
ש Shin heißt wörtlich „Feuer“

Er kümmert sich nicht darum, was die anderen sagen, er ist vollkommen frei. Der Narr ist der bewusst gewordene Mensch, der von der Welt nicht mehr verstanden wird. Er ist der Welt abhanden gekommen.

21. Die WELT (400)
Eine göttliche Frau in einem Kreis, wie ein Siegerkranz = Der mütterliche Aspekt Gottes, der sichtbare Aspekt Gottes in der Natur, die Mater Materia.
Um den Kranz herum die vier himmlischen Wesen:
Engel, Adler, Stier, Löwe.
Die vier Kräfte im Universum.

Der Mensch auf dieser Stufe wird zum Gottmenschen.

Abbildung der Tarot-Karten[53]

53 S/W-Abbildungen der Oswald Wirth Tarot Karten aus: Golden Rosenkreuzer Wirth Tarot, Aurinia Verlag, 2018

Fragestunde

Warum wird Gott immer mit einem Auge dargestellt?

Der Mensch braucht zwei Augen, um im Raum zu sehen.
Im GEISTIGEN, im Eins-Sein, genügt ein Auge.
Gott ist das Zentrum.

Über Suizid:

Wenn der Mensch etwas tut, womit er den Lebensstrom zurückschleudert, wirkt dies, als wenn zwei Eisenbahnen zusammenstoßen. Der Mensch stirbt, der Lebensstrom aber nicht (beim Freitod), der Mensch muss sich bald wieder verkörpern, aber er kommt dann mit einem „Minus" ins neue Leben, mit einer zu geringen Lebenskraft. Ein solcher Mensch wird immer ein Hypochonder sein, denn er richtet seine Aufmerksamkeit auf seinen Körper.

Der letzte Eindruck eines Menschen, der Suizid begeht, ist die Erkenntnis, dass ein Fehler wiedergutgemacht werden muss.

• • •

Warum hat der LOGOS ein zweischneidiges Schwert?

Logos: Schöpferische Kraft, schöpferisches Prinzip.
Alle Erfindungen, auch diejenigen des Menschen, kommen aus dem Verstand/Logos, aber alles hat zwei Seiten:

Bei positiver Einstellung: Segen
Bei negativer Einstellung: Fluch

Das WISSEN bringt dem Menschen immer Gutes und Böses.

• • •

Im ZENTRUM ist die Einheit, Spannung an der Peripherie.

Zum IDEALISMUS
Die Ideen bringen wir von der geistigen Ebene, wenn die Idee uns belebt, sind wir Idealisten.

• • •

Zur 12. Tarot Karte

Der Aufgehängte
Der Hängende,
der umgekehrt denkt!

• • •

Die übliche Auffassung: Alles ist real – was man mit den fünf Sinnen erfassen kann.
Irreal – das sind Ideen, die für den Menschen nicht begreifbar sind.

• • •

Zum äußeren Körper und den Planetenkräften

Rote Haare:	Goldblond	– Sonnen-Kraft
	Rot	– Mars-Kraft

Glatte Haare: Jungfrau / folgsam, ergeben
Krause Haare: Eigenwillig, selbstständig

• • •

Zum Tarot:
Alle TAROT-Karten bedeuten den inneren Weg des Menschen. Jeder Mensch schreitet durch alle diese Stadien, aber verschieden. Es kann sein, dass ein Mensch ein ganzes Leben lang nur eine Karte erlebt. Menschen, die bewusst geworden sind, laufen schneller und durchleben einige Stufen nacheinander.

Exerzitium

Mit dem vielen Wissen, was Elisabeth Haich uns in ihren Vorträgen gab, waren die angeleiteten Meditationen, insbesondere die jesuitischen Exerzitien, eine Gelegenheit, durch die Persönlichkeit tiefer mit der Seele in Berührung zu kommen.

Zu Beginn der geleiteten Übung wies Frau Haich jeweils auf Ignatius von Loyola hin, den Gründer des Jesuitenordens, der 1491 geboren wurde [54]. Loyola entwickelte spezielle geistige Übungen, wir würden sie heute therapeutische Visualisationen nennen. Ignatius gibt bestimmte „Schlüsselmeditationen" vor, die die Geheimnisse des Lebens Jesu Christi, von seiner Geburt über sein Leiden und Sterben bis hin zu seiner Auferstehung, betrachtet. Die Ursprungsform, das sogenannte große Exerzitium, dauerte dreißig Tage.

Mithilfe der Exerzitien hat er seinen geistigen Gefolgsleuten geholfen, nicht nur den Charakter zu stählen, sondern ihnen auch den Zugang zum Seelischen geöffnet. Es heißt, diese geschilderten Traumbilder waren für die Zuhörer so intensiv, dass sie die Folterung Christi in sich selbst erlebten und sich vor Schmerzen auf den Bänken wanden.

Exerzitien fordern heraus und sind intensiv. Sie sind eine bereichernde und überraschende Zeit zwischen der Seele und dem Übenden.

Elisabeth Haichs Exerzitien waren nicht so zeitaufwendig und liefen auch nicht so dramatisch ab. Worauf Frau Haich aber immer beson-

54 1521 zerschmettert eine Kanonenkugel sein Knie. Seine Kampfbegeisterung und Sportlichkeit brechen zusammen. Er beginnt sein Leben mit dreißig Jahren zu überdenken. Es folgen eine Reihe von Bekehrungen und Einsichten. Das fließt ein in das spätere Exerzitienbuch. Der Todestag von Ignatius von Loyola ist der 31. Juli 1556. Interessanterweise ist der 31. Juli auch der Sterbetag von Elisabeth Haich.

dere Aufmerksamkeit legte, war der ernste Hinweis, dass man sich während des ganzen Exerzitiums nicht bewege. Würde man den Körper auch nur einen Zentimeter bewegen oder gar die Augen öffnen, dann wäre der Effekt der Übung augenblicklich dahin. Es war uns nicht erlaubt, am Boden zu sitzen oder uns hinzulegen. Der Sinn dieser Strenge war, das Denken am Beginn der Übung weitestgehend zu beherrschen und ebenso den Körper, der Speicher (Ätherkörper) von gedanklichen und emotionellen Regungen ist, ruhig zu halten. Jede Bewegung würde diese Energie zum Fließen bringen. Nur der beruhigt geführte Atem war Zeuge des inneren Geschehens.

Die eigentliche Übung dauerte zwischen zwanzig und dreißig Minuten. Der Raum wurde gut abgedunkelt. Elisabeth Haich saß kerzengerade auf ihrem Stuhl, und eine kleine, mit einem Tuch abgedunkelte Lampe stand auf einem Tischchen. Dann sprach sie langsam, mit ruhiger Stimme.

Das Exerzitium sollte das Leben des Menschen in Bildern symbolisch darstellen. Jedes Leben beginnt so, dass wir zuerst nicht wissen, wo wir sind und was wir eigentlich auf der Erde sollen. Es ist dunkel, ohne irgendeine Wahrnehmung. Dann nimmt der Bewusstseinsgrad graduell zu. Das Exerzitium beginnt, indem wir uns zuerst eine tiefdunkle Nacht oder einen dicken Nebel vorstellen. Stufenweise kommt dann eine immer höhere Bewusstheitsebene dazu, die in den diktierten Bildgeschichten mit hohem Symbolgehalt dargestellt werden und in denen wir normalerweise selbst mentale Entscheidungen treffen müssen. Der Aufstieg richtet sich dabei nach den Stufen, die auch in den Schriften von Elisabeth Haich dargestellt sind, es sind sieben Stufen. Jede Stufe hat ihre eigene Charakteristik und wird im Exerzitium bildhaft archetypisch durchlebt. Das Exerzitium endet schließlich im reinen Licht und allenfalls einer kurzen Meditation.

Ein Exerzitium, gehalten im Mai 1992

Stille und Ruhe. Atemberuhigung. Konzentration auf das „Ich bin".

Um mich herum ist ein dicker Nebel. Ich weiß nicht, wo ich mich befinde.

Es fängt an zu rauschen und zu brausen. Es wird immer lauter. Ich klammere mich irgendwo fest, weil ich merke, dass ich hin und her geworfen werde.

Dann spüre ich, dass ich in einem Boot hin und her geworfen werde und mich daran festklammere.

Die Wellen schäumen um mich herum. Der Sturm wird immer stärker. Ich werde mit meinem Boot hochgerissen und wieder heruntergeschleudert.

Mein Boot zerbricht, und ich kämpfe gegen die Gewalten. Das Wasser schlägt über mir zusammen. Ich fühle, dass das Ende naht.

Plötzlich habe ich festen Grund unter den Füßen. Ich stehe auf einem Felsen. Um mich herum tobt immer noch das Meer. Die Wellen schlagen hoch.

Ich bin in mir sicher und stark und weiß, dass alle Kraft in mir ist. Ich beruhige den Sturm. Langsam flacht er ab, wird zum Wind, zur Brise und ist schließlich nicht mehr zu spüren.

Die Wellen beruhigen sich ebenfalls. Sie schlagen nur noch sanft gegen meinen Felsen. Sie beruhigen sich immer mehr. Schließlich ist das Meer glatt. Es fängt an, sich zu verflüssigen, immer dünner zu werden. Es löst sich ganz auf, ebenso alles um mich herum.

Alles ist in mir.

Ich fühle mich verbunden mit allem. Es gibt keinen Anfang und kein Ende. Ich denke an die, die nicht mehr im physischen Körper sind. Ich bin mit ihnen verbunden.

Ich liebe mich, denn nur, wenn ich alles an mir liebe, kann ich auch alle anderen Menschen lieben. Ich weiß, wir sind alle eins.

Ich bin ganz in mir, in meinem Herzen, und strahle von dort Licht aus. Ich bin in mir, eins mit meiner Seele.

Eine große Stille ist im Raum. Nach der Übung erhellt sich der Raum wieder. Frau Haich hat ihren Platz schon verlassen. Jeder von uns ist bemüht, mit wenig Geräuschen und Geschwätz den großen Saal zu verlassen.

• • •

Exerzitien können den Menschen auf einem Weg der Selbstfindung und Selbstgewahrung begleiten. So sind die Texte der geistlichen Übungen, wenn man sie liest, eher nüchtern, elementar und trocken. Aber sie legen den Grund für einen Anstoß der geistlichen Selbstreflexion über die eigene Geschöpflichkeit. Es geht darum, hinter das Denken zu kommen.

Das führt zu der Erkenntnis, dass es einen individuellen göttlichen Plan gibt. Das wirft aber ebenso die Frage auf: Was ist der tiefere Sinn des Lebens? Und vor allem: Was ist der Sinn des Leidens? Was ist der Wille Gottes, der Wille der Seele? Das bedeutet anzuerkennen, dass das Leben, wie immer es ist, wertvoll und nie sinnlos ist! Gott kann nie etwas von Menschen wollen, was der Mensch nicht selbst will. Gottes Wille widerspricht nicht dem Wollen des Menschen. Erst wenn es dem Menschen gelingt, den persönlichen Verstand, der ein Widerstand sein kann, zu beherrschen und zu durchschauen, kann er sich mittels Gebet, Meditation oder Kontemplation auf die einladende Brücke zur Seele begeben. Die Erfahrung wird sein, dass auf der „anderen Seite“ die im Menschen ruhende Seele ihn abholt. Die Betonung liegt auf ruhend, denn erst wenn die Seele als solche vom Individuum angesprochen wird, durch was auch immer, wird die Seele bewusster ins Leben des Menschen hineinwirken. Dann können wir sagen, dass der Mensch seelengeführt ist.

Nachklang

Zu Beginn des Jahres 1990 fragte ich Elisabeth Haich, ob sie wieder Vorträge halten würde, doch sie sagte, dass sie uns alles gegeben habe. Das Bleibende ihrer vermittelten Lehren sei in ihren Büchern. Daher hütete ich die mir anvertrauten Aufzeichnungen, die viele Jahrzehnte eine Ergänzung zu ihren Schriften wurden. Durch ihre Bücher und Vorträge schwingt der Geist der zeitlosen Wahrheit. Es wurde mir bewusst, dass der geistige Lehrer immer eine wesentliche Rolle im Leben eines Menschen einnimmt.

Elisabeth Haich hat nichts Neues gelehrt, dennoch hat sie die ewigen Weisheiten aufgedeckt und durch ihre Persönlichkeit in eine Form gegeben, so dass sie klarer verstanden werden können. Dem aufmerksamen Leser gibt Elisabeth Haich einige Schlüssel mit auf den Weg, ihr Vermächtnis an uns, in die eigene geistige Kraft zu kommen.

Die Schule in Zürich war längst geschlossen, eine würdige Nachfolge hatte sich nicht ergeben. Einige der Schüler führten die Arbeit des Yoga-Unterrichts in eigenen Zentren nach dem System Yesudian-Haich weiter.

Durch Europa wehte der Wind der politischen Veränderungen, der „eiserne Vorgang“ fiel, die Menschen erlebten Vereinigung und ein Zurückerlangen von Freiheiten. In den Bestrebungen vieler Menschen nach spiritueller Selbstentfaltung zeigte sich nun auch ein Drang nach Abenteuer und Ausprobieren auf dem großen Markt eines überbordenden Angebots an spirituellen Möglichkeiten, doch es gab auch fragwürdigste Versuchungen. Von jeher war es die Aufgabe des erwachsen werdenden Individuums, in die eigene Erkenntnis und Verantwortung zu kommen. Diese Erfahrung kann der Lehrer niemandem abnehmen: „Nehmet, prüfet, das Gute behaltet." „Der Baum der Erkenntnis" des Guten und des Bösen ist das Leben selbst. Das ist für mich eine der Kernaussagen des Buchs „Einweihung".

Lang und nachhaltig ist der Weg der Seelenentfaltung durch Zeit und Raum. Vielfach sind die Wiederholungen der Lektionen, die der Persönlichkeit oft nicht erklärlich sind. Die Entwicklung des Menschen folgt einem geistigen Muster, sie entspricht weniger den Wünschen als eher dem, was geistig sinnvoll oder notwendig ist.

Der Geist ist alles. Das Ungeoffenbarte schwingt durch den Menschen, als Teil der Schöpfung, hindurch. So wie eine Glocke, gegossen aus edlen Metallen, zuvor einen Prozess von langwierigen Schmelzungen und Bearbeitungen durchläuft, damit sie, wenn sie angeschlagen wird, den ungehörten Klang zur Entfaltung bringt, so geht auch der Mensch durch Reifungen und Prüfungen der sieben Entwicklungsstufen hindurch – bis die Seele sich zu Gott erhebt.

Es war der Sommer des Jahres 1994. Der Aufbruch ins Sommerdomizil im Süden der Schweiz stand bevor. Die Reisevorbereitungen waren abgeschlossen. Elisabeth Haich schaute auf das, was sie zurückließ. Die Schweizer bereiteten sich auf den Nationalfeiertag am 1. August vor. Frau Haich lächelte und meinte, dass es eine gute Zeit sei zu gehen, da seien die Menschen mit sich beschäftigt.

Angekommen im Tessin, erwähnte sie vor dem 31. Juli, dem Tag ihres Heimgangs: „Ich werde das große Exerzitium abhalten."

Nichts können wir festhalten: Alles fließt und kommt zur Reifung. In einem Leben kann die Saat aufgehen.

In Dankbarkeit für die geistige Führung und die Fügungen, dem Verleger Peter Michel begegnet zu sein, freue ich mich, dass das Werk Elisabeth Haichs weiterhin inspirierende Verbreitung findet.

Bildnachweis

S. 24: Ehemalige Yogaschule an der Carl Ferdinand Meyer Strasse, Foto des Autors

S. 28: Albrecht Dürer Selbstbildnis, Zeichnung des Autors

S. 47: Menora, Zeichnung vom Autor

S. 86: Schlangenstab, 26. - 30. Dynastie, Ägypten, Zeichnung des Autors

S. 94: Pharao mit Schlange und Widderhörner, Zeichnung des Autors

S. 94: Schlange am Tau, nach einem Holzschnitt, Zeichnung des Autors

S. 122: Astro-Medizin, Bearbeitung als Zeichnung des Autors

S. 142: Michelangelos Moses, Zeichnung des Autors

S. 146: Gnadenstuhl im Kölner Dom, Zeichnung des Autors

S. 189 - 194: Aus „Die geheimen Figuren der Rosenkreuzer aus dem 16. und 17. Jahrhundert"

S. 222: Palindrom, Pompei

S. 226: S/W-Abbildungen der Oswald Wirth Tarot Karten aus Golden Rosenkreuzer Wirth Tarot, Aurinia Verlag, 2018

Literaturangaben nach Erstauflagen

Elisabeth Haich, Einweihung, Mystisch-biographischer Roman, Origo Verlag, Zürich 1954.

Elisabeth Haich, Sexuelle Kraft und Yoga. Fink Verlag. Stuttgart 1966.

Elisabeth Haich, Tarot, Fink Verlag, Stuttgart 1969

Elisabeth Haich und Selvarajan Yesudian, Sport und Yoga, Fankhauser, Thielle 949

Elisabeth Haich und Selvarajan Yesudian, Yoga in den zwei Welten, Fankhauser, Thielle 1951

Elisabeth Haich und Selvarajan Yesudian, Raja Yoga, Fankhauser, Thielle 1951

Elisabeth Haich und Selvarajan Yesudian, Yoga und Schicksal, Drei Eichen Verlag, 1972

Elisabeth Haich und Selvarajan Yesudian, Der Tag mit Yoga, Fink Verlag, Stuttgart 1959

Elisabeth Haich und Selvarajan Yesudian, Hatha Yoga, Drei Eichen Verlag, München 1971

Selvarajan Yesudian, Selbsterziehung durch Yoga, Verl. Fankhauser, Thielle 1961

Sevarajan Yesudian, Steh auf und sei frei, Drei Eichen Verlag, Ergolding 1989

Oswald Wirth, Golden Rosenkreuzer Tarot, Aurinia Verlag, 2018

Oswald Wirth, Die Magie des Tarot, Fischer Media Verlag, Bern 1998

Paul Brunton, Von Yogis, Magiern und Fakiren. Begegnungen in Indien. Hermann Bauer Verlag, Freiburg 1980

Geheime Figuren der Rosenkreuzer aus dem 16. und 17. Jahrhundert, Hermann Bauer Verlag, Freiburg 1992

Yoga Journal, Sonderheft Nr. 1, Leben und Wirken von Selvarajan Yesudian, Herausgeber Reto Zbinden, 1998

Hinweise zum Herausgeber

Raffael Boriés wurde in Deutschland geboren. Er lebt und arbeitet in der Schweiz und führt eine Praxis für therapeutisches Heilen und Sterbe- und Trauerbegleitung. Er veröffentlicht auch Bücher zu diesen Themen.

Neben der hauptberuflichen Tätigkeit als Heiler und Kursleiter hat Raffael Boriés sich immer wieder mit der Malerei beschäftigt. Studienreisen führten ihn nach Nepal, Ägypten, Brasilien und nach Indien. Seine Bilder als Kunstmaler und Fotograf waren in zahlreichen Ausstellungen zu sehen.

Prägend waren die Begegnungen mit Elisabeth Haich und Selvarajan Yesudian. Durch sie erhielt er wertvolle Impulse für eine spirituelle Lebensweise.

Wesentliche Schulung erhielt er von Tom Johanson und Inspiration durch Harry Edwards. Beide waren bedeutende Persönlichkeiten der englischen Geistheiler-Tradition.

www.raffaelbories.com

Elisabeth Haich
Selvarajan Yesudian
Sport und Yoga
Dieser unsterbliche Klassiker von Selvarajan Yesudian und Elisabeth Haich ist weit mehr als ein Buch zur sportlichen Betätigung mit Yoga-Unterstützung. Es ist eine wissenschaftliche Abhandlung über die tiefsten Yoga-Geheimnisse und ihre Auswirkungen auf der körperlichen Ebene. Die Behandlung von Krankheiten mit Hilfe von Yoga wird ebenso thematisiert wie die heilenden Kräfte des Atems. So wird dieses Werk zu einem Schlüssel für die Herstellung eines harmonischen Gleichgewichtes zwischen körperlichen und geistigen Kräften.
Es ist ein unverzichtbares Praxisbuch für alle, die den Yoga-Weg beschreiten, für Laien wie für Lehrer. Leistungssportler sowie Hobby-Athleten werden zudem wertvolle Hinweise finden, wie sie ihre sportlichen Aktivitäten durch Yoga-Übungen effektiv verbessern können.
ISBN 978-3-89427-599-0

Elisabeth Haich
Yoga und Sex
Die berühmte, weltweit anerkannte Yoga-Lehrerin setzt sich in diesem großen Klassiker mit der menschlichen Grundfrage auseinander, inwieweit Spiritualität und Sexualität harmonisch miteinander verbunden werden können. Sie analysiert die grundlegenden Gesetzmäßigkeiten des Yoga-Weges und kommt zu radikalen Schlussfolgerungen.
Ein Ratgeberbuch, das umfassend und kompetent informiert. Ein Yoga-Lehrwerk, das inspiriert und den Leser zu einer eigenen Stellungnahme herausfordert.
ISBN 978-3-89427-369-9

Elisabeth Haich

Elisabeth Haich
Einweihung
Seit uralten Zeiten wachen die ›Großen Eingeweihten‹ über das geistige Wissen der Menschheit. Nur weniges ist aus den verborgenen Tempeln und den Mysterienschulen des Altertums jemals bekannt geworden. Die großen Meister und ihre eingeweihten Schüler starben eher, als dass sie ihr Wissen verrieten. Erst in unserer Zeit, am bevorstehenden Beginn einer neuen Epoche, durfte der Schleier gelüftet werden. Erstmals wird in der ›Einweihung‹, dem unsterblichen Meisterwerk von Elisabeth Haich, enthüllt, was sich wirklich im Inneren der Großen Pyramide ereignete. Dabei zeigt sich, dass in der Einweihung die Begrenzungen von Zeit und Raum fallen – was Vergangenheit war, wird Gegenwart, und was Gegenwart ist, bleibt untrennbar von der Vergangenheit. Ein Weisheitsbuch, das auf einzigartige Weise lange verborgene Geheimnisse enthüllt und die unvergänglichen Gesetzmäßigkeiten des geistigen Weges offenbart. Ein mystisch-biographischer Roman, der die spirituellen Fragen unserer Zeit beantworten kann und eine neue Sicht des Lebens ermöglicht.
ISBN 978-3-89427-703-1

Selvarajan Yesudian
Selbstvertrauen durch Yoga
Selvarajan Yesudian zählt auch heute noch zu den erfolgreichsten Yoga-Autoren in deutscher Sprache. Noch immer arbeiten viele Yoga-Lehrende nach seinen Prinzipien.
Dieses Buch ist sein ganz persönliches Bekenntnis zum Yoga-Weg, der es ihm ermöglicht hat, auch existenzielle Krisen zu meistern. Durch teilweise bewegende persönliche Begebenheiten erfährt seine Leserschaft, wie selbst lebensbedrohliche Situationen durch jene geistige Kraft gemeistert werden können, die sich mittels regelmäßiger Yoga-Praxis erwerben lässt.
Echter Yoga meint mehr als nur eine bestimmte tägliche Praxis. Es geht um eine Einstellung zum Leben, die von einem unerschütterlichen Grundvertrauen in die höhere Ordnung des Daseins geprägt ist. Wie man aus diesem Vertrauen heraus leben kann, das belegt dieses Werk auf beeindruckende Weise!effektiv verbessern können.
ISBN 978-3-89427-828-1

Elisabeth Haich
Yoga für jeden Tag
Ein wunderbar feinfühliges, tiefsinniges und inspirierendes Buch über das Leben mit der täglichen Yoga-Praxis.
Ein Buch, das man jeden Tag zur Hand nehmen kann, um die Woche mit einer Inspiration zu erfüllen und den Tag mit einem Lichtfunken zu durchdringen.
Ein Weisheitsgeschenk für Freunde, Bekannte, Yoga-Praktizierende – oder für den eigenen Schreibtisch!
ISBN 978-3-89427-587-7

Selvarajan Yesudian

Seh auf und sei frei

Es dürfte keinen zweiten Europäer geben, der wie Selvarajan Yesudian eine fast 50-jährige Praxiserfahrung im Unterrichten westlicher Yoga-Schüler hatte! In Zusammenarbeit mit Elisabeth Haich verfasste er wegweisende Yoga-Bücher, die noch heute ein unverzichtbares Grundlagenwissen enthalten.

Mit "Steh auf und sei frei" wird Yesudians persönlichstes Buch in neuer Bearbeitung wieder zugänglich. Er schildert seine bewegendsten Erfahrungen auf seinem eigenen geistigen Weg. Die heilende und stärkende Kraft des Yoga erhält so eine überaus lebendige Anschaulichkeit. Yoga hilft, sich selbst zu heilen und das eigene Leben zu meistern!

Ein einzigartiger Einblick in den geistigen Kosmos des Yoga und seine bedeutendsten Repräsentanten. Ein faszinierendes Zeugnis, wie man durch die Yoga-Praxis zu einem neuen Menschen zu werden vermag!

ISBN 978-3-89427-771-0

Elisabeth Haich

Selvarajan Yesudian

Raja-Yoga

Der „Raja-Yoga-Pfad“ gilt in Indien als der „königliche Weg“. Es ist der Weg der tiefsten Einsicht und des bewussten inneren Erkennens. Im „Raja-Yoga“ verzichtet der Praktizierende auf die Körperübungen des „Hatha-Yoga“ und konzentriert sich ganz auf die inner-seelischen Umwandlungsprozesse.

Elisabeth Haich und Selvarajan Yesudian beschreiben diesen ehrwürdigen Pfad Schritt für Schritt, bis der Einzelne in seinem Herzen das göttliche Licht aufleuchten sieht. Besonders faszinierend an diesem Klassiker der Yoga-Literatur ist der Umstand, dass Haich/Yesudian über die Grenzen der religiösen Traditionen hinausblicken und erkennen, dass die geistigen Gesetzmäßigkeiten die gleichen im Osten wie im Westen sind. So wird ihr großes Werk zu einem wertvollen Brückenbauer zwischen den mystischen Traditionen des Abend- und des Morgenlandes!

ISBN 978-3-89427-387-3

Timothy Zahn

Star Wars™ – Thrawn – Verrat